AF139006

Chr. Gr. Brügger

Mittheilungen über neue und kritische Formen der Bündner- und Nachbar-Floren

Chr. Gr. Brügger

Mittheilungen über neue und kritische Formen der Bündner- und Nachbar-Floren

ISBN/EAN: 9783743343184

Hergestellt in Europa, USA, Kanada, Australien, Japan

Cover: Foto ©berggeist007 / pixelio.de

Manufactured and distributed by brebook publishing software
(www.brebook.com)

Chr. Gr. Brügger

Mittheilungen über neue und kritische Formen der Bündner- und Nachbar-Floren

Mittheilungen

über

neue und kritische Formen

der

Bündner- und Nachbar-Floren

von

Chr. G. Brügger

Professor der Naturgeschichte an der Kantonsschule und Verwalter des naturhistor.
Landesmuseums in Chur.

Separatabdruck aus dem Jahres-Bericht der
Naturforsch. Gesellsch. Graubündens Jahrg. XXIX (1884 85).

Chur 1886.
Selbstverlag des Verfassers.

Druck v. Gebr. Casanova.

„Utcunque sit, Rhaetia haud secus ac Valesia et Helvetia Insubrica adhuc certo non paucas speci·s alit incognitas, et optandum est, ut inter ipsos eorum pagorum cives aliquis tandem exsurgat, qui floram patriam historia Rhaeticarum stirpium locupletiori, quam hucusque factum est, ditare conetur."

J. Gaudin,
fl helv. VII, 431 (1833).

Mittheilungen

über

neue und kritische Pflanzenformen

von

Prof. Chr. G. Brügger.

Erste Serie.*)

*) Gegenwärtige Arbeit schliesst sich, als eine Art Fortsetzung, an die im „Jahresberichte" f. 1880/81 (= J.-B. XXV p. 61 112) von mir publizirten „Beschreibungen neuer Zwischenformen" an. Doch werde ich diesmal und in der Folge, mehr als früher, auch „Zwischen- und Uebergangsformen von nicht hybridem Charakter, kritische oder neue Arten, Unter- und Abarten - sog. klimatische od. geologische Formen" (welche ich schon i. „Jahresb." f. 1878—80 = J.-B. XXIV p. 53 als Gegenstand einer künftigen Arbeit bezeichnet hatte) mitberücksichtigen. Leider musste die Publikation dieser schon seit mehreren Jahren vorbereiteten Serien (die nun in rascher Reihenfolge erscheinen sollen) wegen Ueberhäufung des Verf. mit allerlei anderen dringenden Arbeiten (Schweizer. Landesausstellung 1883, Erweiterung des Naturhistor. Landesmuseums, Schul- und Vereinssachen, Expertisen etc.) verschoben werden.

1. **Anemone Hepatica L. var. rhaetica m.** (*Hepatica rhaetica Brgg.* Fl. Cur. 86.) Lappen der dreilappigen Blätter breiter und stumpfer, als beim Typus, abgerundet

bis nierenförmig, wie bei *var. rotundata Schur* (H. ameri-
cana DC.), aber nicht ganzrandig, sondern gelappt oder
geschweift, in der Regel 2—3-lappig, Lappen ungleich aber
symmetrisch, Blattstiel bis 17 cm., Spreite bis 6 cm. lang
und bis 8 cm. breit, Lappen am Blattgrunde übereinandergreifend; Blüthenstiele bis 10 cm. lang, Hülle 4—5-
oder 3-blättrig, Blättchen länglich-eiförmig oder oval (8—10
mm. l., 4—5 mm. br.), ganzrandig; Perigon 8—10-,
oder bloss 6—7-blättrig, gewöhnlich weiss, seltener blau,
Blättchen bis 15 mm. lang (Blüthen demnach bis über
3 cm. im Durchmesser), Staubfäden immer weiss. Wächst
im Gebüsch- oder Waldschatten, meist an felsigen Nord-
abhängen (Exposition NW—NO) auf „Bündnerschiefer" in
der Meereshöhe von 650—1400 m., von Ende Februar
an bis in den Mai (bei 1000 m. noch am 15. Mai)
blühend, allein oder in Gesellschaft der Normalform (hier
ebenfalls häufig weiss-, seltener rothblühend: so bei Chur,
Haldenstein, Flims), mit welcher sie übrigens in Bekleidung
und Colorit etc. übereinstimmt und durch häufige Uebergangsformen verbunden erscheint. Vielfach um Chur (Foral,
St. Lärien, Mittenberg, Masans), im Domleschg (Rotels,
Fürstenau), besonders häufig um Thusis (Tagstein, Ehren-
fels, Johannisberg, Viamala, Crapteig, Rosenhügel), wo ich
sie schon vor 35 Jahren fand, selten in Churwalden (Prada-
fenz) und oberhalb Igis (am „Tritt").

2. **Ranunculus subhirsutus** m. (*R. lanuginos.* ×
nemoros. Brgg. J.-B. XXIV, 79, Nr. 74; das daselbst
citirte Synonym Gaudins, dessen Identität übrigens zweifelhaft erscheint, fällt jedenfalls dahin wegen der Priorität
von R. geraniifolius Pourr. aus der Verwandtschaft des

R. montanus W.) Eine hieher gehörige Form wurde neuerdings (a. 1884) nun auch in Graubünden, am Churwalder Joch oberhalb Chur, am Saume eines subalpinen Waldes aufgefunden. Die 30 cm. hohe, 10-blüthige Pflanze hält in Blattform und -Grösse so ziemlich die Mitte zwischen den Stammarten, trägt aber die sattgoldgelben, glänzenden (bis 27 mm.), grossen Blumen (mit schwach ausgerandeten Blättern) und die charakteristische, an Stengel und Blattstiel abstehende (selbst rückwärts gebogene), auf den Blattflächen angedrückte Behaarung des *R. lanuginosus*, die aber weniger dicht erscheint, während die deutlich gefurchten Blüthenstiele (mit spärlicher aufrecht-abstehender Behaarung) und überdies der borstige Fruchtboden ganz entschieden auf *R. nemorosus* hinweisen. — Schon Hegetschweiler (Fl. d. Schweiz S. 547) spricht übrigens von Uebergängen des *R. lanuginos.* in *R. polyanthemus* und *R. acris*, und die Hybriden: *R. lanuginosus* $\times$ *acris* (meine Nr. 73 l. c., die ich jetzt *R. Hegetschweileri* nenne) und *R. lanuginos.* $\times$ *repens* (meine Nr. 74 l. c. = *R. Mejeri* m.) sind von Beckhaus und Mejer auch schon in Deutschland beobachtet worden.

3. **Aquilegia Sternbergii Rchb. Grisb.** *(A. alpina β Sternb. Gr. Gdr. — A. alpina Sternb. ex. Rchb. non L.)*
Von der nächst verwandten ächten A. alpina L. verschieden durch bedeutend kleinere (kaum 5 cm. breite) Blüthen mit auffallend stark hackigen Spornen und abgerundeter Platte von der Länge der Staubgefässe, ferner durch kleinere, weniger tief geschnittene Theilblättchen mit breiteren, kürzeren Lappen, Stengel bloss 20 cm. hoch, 1-blüthig, oberwärts drüsig behaart, Stengelblätter entfernt, nach oben

plötzlich kleiner werdend. Wächst am Wormserjoch (Umbrail) nahe bei der IV. Cantoniera an der italienisch-schweizerischen Grenze. Interessante, mehr östlich und südlich verbreitete, kritische Zwischenform, welche in werkwürdiger Weise den Uebergang von der mehr westlich verbreiteten *A. alpina* zum Typus der *A. vulgaris* (sammt deren östlicher Alpenform: *A. Hänkeana K.*, welche nach J. Ball ebenfalls am Wormserjoch vorkommen soll) vermittelt und anderseits diesen selbst dem Formenkreise der *A. pyrenaica* näher bringt. Dass übrigens auch unsere ächte A. alpina mit mehr oder weniger gebogenen Spornen varire, haben schon Haller (hist. stirp. Nr. 1196) und Gaudin (fl. helv. III, 477: „calcaria modo fere recta, modo valde incurva") gewusst, dasselbe ist auch von mir (O. Rh. S. 47), also schon vor 30 Jahren, bestätigend beobachtet und darauf hin der Versuch gemacht worden, die A. alpina zu erklären als „Alpenform von A. vulgaris, mit verkleinertem Leib, d. h. beschränkter Ausbildung der vegetativen Sphäre (verkürztem 1—4-, selten 6-blüthigem Stengel), dagegen sehr vergrösserten und lebhafter gefärbten Blüthen (d. h. vorzugsweise entwickelter reproduktiver Sphäre)". Das Vorkommen von Zwischenformen, wie A. Sternbergii und Hänkeana, spricht nur zu Gunsten der letzteren Auffassung.

4. **Fumaria officinalis L. var. alpestris m.** In den obersten Kartoffel- und Gersten-Aeckern der V. di Dentro bei Bormio (Veltlin), bei S. Antonio oberhalb Isolaccia 1620—1720 m. ü. M., auf Kalkboden, beobachtete ich eine beachtenswerthe Alpenform: ausgezeichnet durch eine mehr in's Grasgrüne fallende Farbe des Krautes mit breiteren Blattzipfeln, und durch grössere, intensiver gefärbte,

in dichtere Trauben geordnete Blüthen, mit etwas breiteren Kelch- und längeren Deckblättchen. Von den übrigen Varietäten der F. officinalis scheinen die *var. densiflora Parl.* (Bert. fl. ital. 7,302) aus Mittel- und Süditalien und die ebenfalls dichtblüthige *var. floribunda Boiss.* aus Kleinasien unserer Form am nächsten zu stehen, unterscheiden sich aber sofort durch die graugrüne Färbung des Krautes, feinere Blätter und viel kleinere Deck- u. Kelchblättchen. Die *var. alpestris* sei daher einer ferneren Beobachtung empfohlen.

5. **Cardamine Killiasii** m. (*C. amara* × *pratensis.*) An einer Quelle in Uinna-da-dora (U. Engadin) 1515 m. sammelte Hr. Dr. E. Killias (29. VI. 1883) in Gesellschaft der Stammarten Zwischenformen ohne Zweifel hybriden Ursprungs, wie drgl. schon früher am Harz im Helsunger-Bruche („*C. pratensi-amara* gleichsam eine C. amara mit blauen Blüthen" fl. herc. 22) von Hampe und angeblich auch bei Leipzig von O. Kuntze beobachtet, aber von Andern (wie Focke, Pfl. Mischl. 37) in Zweifel gezogen worden sind, übrigens auch in der Lombardai (Bergamo: H. H.) vorzukommen scheinen, in der Schweiz aber bisher noch nicht nachgewiesen waren. Ich habe daher die Engadiner Pflanze — in reichlicher Vorlage — einer besonders einlässlichen Prüfung und Vergleichung unterzogen, deren Ergebnisse folgende sind. *C. Killiasii* unterscheidet sich

a) von C. amara: durch die Farbe der Blumen und des ganzen Krautes (an C. pratensis mahnend), grössere Blüthen (Blumenbl. 7—9 mm., Kelchbl. 3 mm. l.), mit kürzeren Staubgefässen ($\frac{1}{2}$—$\frac{2}{3}$ so lang als Krone), den gestreiften etwas hohlen Stengel (13—33 cm. hoch), rundliche bis nierenförmige Abschnitte der 3—6 cm. langen

Grundblätter (Endblättchen grösser) und fast ganzrandige oder schwach buchtige kurz oder undeutlich gestielte Fiedern der 3—5 paarigen Stengelblätter, längere Schoten (unreife 25—33 mm., länger als ihr Stiel), und durch fast gänzliche Kahlheit (nur Blattrand bewimpert, Stengelbasis bisweilen mit spärlichen zerstreuten Haaren);

b) von C. pratensis unterscheidet sie sich: durch die (von weiss bis violett) wechselnde Blüthenfarbe, stets violette später schwärzliche Antheren, dünnere verlängerte Griffel (5—6mal solang als die Breite der Schoten) und breitere elliptische bis rundliche Abschnitte der Stengelblätter.

c) Von C. palustris Peterm. («Deutschl. Flora» 1849 S. 32), welche von Focke l. c. mit C. amara ✗ pratensis? identifizirt wird, unterscheidet sich unsere C. Killiasii: durch die Länge und Farbe der Staubgefässe, die dünneren verlängerten Griffel, die stumpfe ganzrandige (keineswegs «gezähnelte») Ecke an der Seite des Blumenblattnagels.

6. Kernera saxatilis Rchb. (Cochlearia sax. Lam.) var. coronopifolia m. (Cochlearia Coronopus Pool 1781. non L.). Robuste stark verästelte Form mit ungeöhrelten, mehr oder weniger tief fiederschnittigen, leierförmigen, grösseren (unteren) Stengel- und Rosetten-Blättern. Eine Charakterpflanze der Kalkberge in den transalpinen Thälern des rhätischen Florengebietes, wo sich anderwärts nirgends auch nur Anklänge (wie z. B. var. lyrata DC.) an diese Form zeigen. Am Sassalbo in Poschiavo, in der Umgebung von Bormio (Tornipiano), besonders bei den Wormser-Bädern (Pliniana) und längs der Stelvio-Strasse (Piatta Martina) von 1300—2000 m. wächst sie häufig. Hier wurde sie auch

schon (1832) von A. Moritzi (Pfl. Graub. 41), ja schon 1781
von L. Pool — dem Vater der Flora rhaetica — gesammelt «im Thale durch welches man zum Umbrail-Pass auf-
steigt an Felsen» (Bündn. «Sammler» 1782 S. 245), aber
von Letzterem für Cochlearia Coronopus L. (Coronopus Ruellii
All., C. decumbens Gil., Senebiera Coronopus Poir.) genommen, eine diesen und den Nachbargebieten (mit Ausnahme
Bergamo's: ruderati del piano e de' colli nach Rota prosp.
fl. berg. 23) sonst gänzlich fremde Ruderalpflanze, welche
indessen doch noch in der klassischen Flora helvetica von
Gaudin (1833, VII, 578) am Wormser Joch figurirt.
Dagegen hatte ich (O. Rh. p. 50) schon vor langer Zeit die
Unwahrscheinlichkeit dieses Vorkommens dargethan und die
Meinung ausgesprochen, dass dieser «*Coronopus*» der älteren
Autoren vom Umbrail auf einer Verwechslung mit einer
Kernera-Form beruhen dürfte; diese Vermuthung hat seit-
her durch Auffindung der (zur var. *coronopifolia* gehörigen)
Belegstücke im Pool'schen Herbar (nunmehr in meinem Besitz)
ihre vollkommene Bestätigung gefunden.

7. **Hutchinsia procumbens Desv.** (*Capsella pr. Fr.*)
var. **pauciflora** (*Capsella p. Koch, Hutchinsia p. Bert.,
H. proc. var. alpicola Brgg. in.*). Meine vor 30 Jahren
ausgesprochene Erwartung (O. Rh. p. 49—50), es möchte
dieses seltene, an der Ostseite des Stilfserjoches bis über
Trafoi vordringende, Alpenpflänzchen Süd-Tirols, auch in den
angränzenden Thälern Ost-Bündens noch aufzufinden sein,
ist längst in Erfüllung gegangen. Schon 1855 (19. Aug.)
entdeckte ich das zarte Pflänzchen, in Ritzen und Spalten
schattiger Felsen und alter Mauern versteckt, beim Schloss
Tarasp (U.-Engadin), stellenweise in grosser Menge; später

wurde es von Dr. Killias und Lehrer Krättli noch an mehreren anderen Standorten jener Gegend und selbst im Ober-Engadin (Madulein), 1400—1800 m. immer auf kalkigem Substrat, aufgefunden. Das Kraut zeichnet sich im frischen Zustande durch einen kressenartigen Geruch aus; an ersterem Orte (1400—1500 m.) beobachtete ich auch 1855 deutliche Uebergangsformen zu *H. procumbens var. integrifolia K.* (welche im nahen Vintschgau bis 1200 m. ansteigt), wie solche auch von Facchini und v. Hausmann in Süd-Tirol vielfach constatirt worden sind (Facch. Fl. v. Süd-Tir. herausgeg. v. Hausm. 1855 p. 80, 143). Ich halte daher, mit den genannten besten Kennern der Tiroler Flora, die Koch'sche *pauciflora* für die blosse Alpenform der *procumbens*.

8. **Hutchinsia brevicaulis Hopp.** Während aber Floristen, welche die vorige Form nur aus Herbarien oder gar nicht kennen, dieselbe im blinden Autoritätsglauben auf Koch — entgegen der Ansicht selbstständiger Beobachter, welche diese und andere Alpenpflanzen an ihren natürlichen Standorten studirt haben — noch immer zu den «guten Arten» zählen, ziehen einige dagegen das Artenrecht der *brevicaulis* in Zweifel und sprechen von Uebergängen zu *H. alpina* (eine solche «Mittelform» soll z. B. nach Gremli die *H. affinis Jord.* «aus Wallis und Engadin» sein). Mir sind dergleichen aber niemals vorgekommen, nicht einmal an solchen Stellen, wo — was aber nur sehr selten zutrifft — die beiden verwandten Arten beisammen und durcheinander wachsen, wie auf dem 2662 m. hohen Toissa-Gipfel im Oberhalbstein (wo auch Androsace glacialis und helvetica bei einander stehen). Gerade an solchen Stellen springt der

Gegensatz der Formen am meisten in die Augen: an der Gedrungenheit der Rasen, an der Kleinheit aller Theile, besonders aber an den 2 bis 3mal kleineren Blüthen der köpfchenähnlichen Doldentrauben etc. erkennt man sofort und schon von Ferne die *brevicaulis.*

Vor 3 Decennien, als ich diese damals für die Schweizer Flora neue Art zum ersten Male im Adulagebirge der rhätischen Centralalpen nachgewiesen und «ganz übereinstimmend» mit Tiroler Exemplaren erkannt hatte, schrieb ich (O. Rh. p. 49): «Da dieselbe nun auf entsprechender Bodenart der höhern Alpen durch das ganze östliche Schwesterland (Tirol) verbreitet ist, so würde es mindestens höchst auffallend sein, wenn H. brevicaulis nicht auch in den Engadiner Hochalpen noch zu finden wäre.» Seither haben ich und andere Botaniker dieselbe nicht nur vielfach auf den Engadiner Bergen, sondern an mehr als einem halben Hundert von Lokalitäten des rhätischen und übrigen schweizerischen Alpengebietes: vom Ortler und Muttler bis zum Monte Rosa und Torrenthorn, in der Höhe von 2300—3000 m., meist auf krystallinischer Gebirgsart, beobachtet und gesammelt. (Vgl. O. Heer «die nivale Flora d. Schweiz» 1883 S. 70, 87, wo die höchsten, auch von Andern beobachteten, Fundorte angegeben sind.

9. **Alsine biflora Whlbg.** *(Arenaria sphagnoides Thom. exs.)* Dieser hochnordische, bei uns streng an die Kalkinseln der «Mittelzone» und die subnivale bis nivale Region (wie No. 8) gebundene, ausgezeichnete Typus wurde und wird noch immer vielfach mit der, wenigstens im getrockneten Zustand, habituell sehr ähnlichen *Moehringia sphagnoides Rchb.* (M. polygon. β nana Gaud.) verwechselt; sie unter-

scheidet sich aber von letzterer sogleich und sicher: durch die dicht flaumigen Blüthenstiele, die kleineren lederbraunen anhängsellosen Saamen (bei jener glänzendschwarz mit weissl. Anhängsel), und frisch durch die kleineren, wegen der aufrechten an der (gestutzen oder fein gekerbten) Spitze abstehenden, nicht sternförmig ausgebreiteten, Blumenblätter, fast röhrig-glockig erscheinenden Blüthen. Diese sind gewöhnlich weiss, aber bei einer **var. versicolor** m. werden die anfänglich weissen Blumenblätter später rosenroth, und die Blüthenstiele zeigen zwischen dem kurzen Flaum zerstreute mehr oder weniger zahlreiche Drüsenhaare. Diese neue Varietät mit wenigen weissen (jüngeren) und zahlreichen rothen (älteren) Blüthen auf denselben Rasen brachte Kantonsschüler R. La Nicca aus dem Ob.-Engadin (V. Saluver).

10. **Melandryum hybridum** m. (*diurnum* ✕ *vespertinum*). Eine von *M. dubium Hampe* (fl. herc. 43) durch dichtere fast zottige und zugleich reichlich drüsentragende Behaarung, sowie leicht purpurne Färbung der Infloreszenz und durch stärkere Behaarung der Blätter abweichende Form fand Dr. Killias von Ende Juni bis Mitte Juli blühend bei Tarasp (Nairs) im U.-Engadin, von wo ich durch ihn lebende ♀ und getrocknete ☿ Exemplare zur Untersuchung erhielt. Die Blüthen sind am Tage geöffnet und wechseln in ihrer Farbe von weiss bis rosenroth (auf derselben Pflanze und Infloreszenz!), sie haben auch behaarte Griffel und zeigt der obere Theil der Pflanze dieselbe purpurne Färbung und langhaarig-zottige Bekleidung — wie *M. diurnum* (rubrum), aber die reichliche Drüsenbekleidung der Kelche und Blüthenstiele, die schmäleren (lanzettl.) Blätter, die fast 5-kantigen 10-nervigen 12—14 mm. langen Kelche (mit lineal-lanzettl.

Zähnen), die eikegelf. Kapsel und die spätere Blüthezeit
weisen entschieden auf *M. vespertinum* (album) hin.

11. Agrostemma Githago L. var. Killiasii m. Blüthen
kurzgestielt bis fast sitzend, dicht gedrängt, Blumenblätter
blass röthlich, ungefähr so lang oder etwas länger als die
Kelchzipfel; Saamen gut entwickelt wie beim Typus. Eine
habituell recht auffällige Form, die Dr. Killias in zahlreichen
Exemplaren, auch mit vollkommen reifen Früchten, bei Tarasp
gesammelt hat, und einer fernern Aufmerksamkeit würdig
scheint.

12. Geranium rhaeticum m. (*G. pyrenaicum* $\times$ *pusil-
lum*). Gleicht einem kleinblüthigen *G. pyren.*, aber mit
schlankeren mehr niederliegenden Stengeln und einer mehr
kurzhaarigen Bekleidung ähnlich dem *G. pusill.* Blüthen
violett, 8—9 mm. breit, Blumenbl. verkehrtherzförmig (4,5
bis 5 mm. l., 3 mm. br.), beiderseits am Nagel deutlich gebartet, die kurz stachelspitzigen (3—4 mm. l.) Kelchbl.
wenig (etwa 1—2 mm.) überragend, Stengel, Blüthenstiele
und Kelche mit abstehenden sehr kurzen Drüsen-, Flaum-
und zerstreuten seltenen Zottenhaaren, Kelch bewimpert.
Antheren fand ich 5 in eben aufgebrochenen Blüthen, Früchte
noch keine. Blätter ähnlich denen des G. pyrenaic. (mittlere Spreiten bis 6,5 cm. im Durchmesser, Stiele bis 10 cm. l.),
aber Lappen mehr spreitzend. *G. rhaeticum* unterscheidet sich demnach: *a*) von G. pyrenaicum durch bedeutend kleinere Blüthen, schlankern niedrigern Wuchs und
die sparsamen oder fehlenden Zottenhaare; *b*) von G. pu-
sillum: durch die violetten verkehrtherzförmigen am Nagel
gebarteten Blumenblätter, und die kräftigere Statur (namentlich festere Stengel und derbere grössere Blätter); *c*) von

dem gewissermassen ähnlichen, namentlich in der Grösse der
Blumen übereinkommenden, *G. molle* (abgesehen von dessen
Früchten): durch die Blüthenfarbe, den Bart der Blumenbl.,
die (nicht zottige) Bekleidung, die gegenständigen Blätter
mit verkehrteiförmig-keilförmigen Lappen. Die ohne Zweifel
hybride Zwischenform wurde bisher (Sommer 1882) nur
einmal in der Umgebung von Chur (Lürlibad) gefunden,
wo die Stammarten, wozu sich bisweilen noch G. molle ge- •
sellt, sehr häufig beisammen wachsen. —

13. **Epilobium collinum** × **parviflorum Brgg.** (J.-B.
XXIV, S. 53, XXV, S. 61.) „Die Pubescenz erinnert
ganz an *E. parviflor.*, während die Kleinheit der Blüthen
und die kleinen oblongen, deutlich gestielten Blätter den
Einfluss von *E. collin.* verrathen." (*Haussk.*, Monogr. d.
Gatt. Epilob. 1884. S. 90.) Die von mir früher unter den
zweifelhaften Bastardformen aufgeführte Pflanze von Mezza-
selva im Prättigau (1050 m., Aug. 1878 leg. Chr. Hitz,
E. Hitzianum m. in.) ist seither (1882) vom Monographen
der Gattung eingesehen und bestätiget, sodann auch bei
Roda in Thüringen von M. S c h u l z e aufgefunden und *E.*
Schulzeanum Haussk. (Monogr. S. 177) getauft worden,
obwohl meine Benennung 3 Jahre früher publizirt war.

14. **Epilobium alpicolum Brgg.** (*origanifol.* × *trigon.*
J.-B. XXIV, S. 67, No. 43). Meine Originalpflanze von
der Stätzalp b. Churwalden wurde vom Monographen der
Gattung 1882 eingesehen und bestätiget (H a u s s k. Monogr.
Epilob. S. 174 cit.), trotzdem aber mit einem neuen Namen
versehen (*E. amphibolum Haussk.* l. c. S. 177), ja sogar
(l. c. S. 178) sonderbarerweise als ein „E. rosmarinifol.
× alpestre" (!) hingestellt und bezweifelt. Als ich ihn

hierauf aufmerksam machte, schrieb mir derselbe (d. 30.
IX. 1884) wörtlich: „Es hat mir sehr leid gethan, dass
dieses Versehen passirt ist. Ihr Aufsatz in den Graub.
Verhandl. ist mir unbekannt geblieben, da er von Dalla
Torre nicht citirt wird*) und konnte ich mich daher nur
an Letzteren halten. In Nachträgen und Berichtigungen
zu meiner Monogr. werde ich selbstverständlich den Sach-
verhalt auseinandersetzen." In den „Mitth. d. Botan. Ver. f.
Gesammt-Thüring." (IV, 3, S. 69—74) hat nun Hr. Prof.
C. Haussknecht kürzlich „Nachträge z. Monogr. d. G.
Epilobium" veröffentlicht, wo er sämmtliche 1881 von mir
publizirten Bastarde (meine No. 33—44) bestätiget und
bezüglich „E. alsinefol. (origanifol.) ✕ trigon = E. alpicolum
Brügg." bemerkt: „Da mir bei Abfassung der Monographie
die Brügger'sche Arbeit unbekannt war, so entging es mir,
dass derselbe diese Verbindung mit obigem Namen belegt
hatte. Ich kannte diesen Namen nur aus Dalla Torre
Alp., wo auf p. 210**) unbegreiflicherweise derselbe als ein
E. rosmarinifol. ✕ alpestre gedeutet wurde. Ich erklärte
in Folge dessen auf p. 152 der Monogr. diese Verbindung
für mehr als unwahrscheinlich und konnte daher den ihr
gegebenen Namen E. alpicolum nicht annehmen. Aus
diesem Grunde bezeichnete ich E. alsinefol. ✕ trigon. auf
p. 177 als E. amphibolum. Nach Aufklärung des Irrthums

---

*) Diess ist unrichtig, da v. Dalla Torre's Alpenflora S. 18
meine Arbeit „üb. wildw. Pflanzenbast. d. Schweiz. undNachbar-Fl."
ganz ausführlich citirt; dieselbe war übrigens auch in der „Botan.
Ztg." 1881 No. 30 und 40, im „Botan. Centralbl." VIII No. 6, in
„Flora" 1881 No. 23, in „Irmischia" 1881 No. 11 S. 54 etc. besprochen
oder angezeigt worden.
**) Das Citat ist unrichtig und muss p. 96 heissen.

bei Dalla Torre kommt dieser Verbindung der Brügger'sche Name zu." Soweit Haussknecht, der, ausser den früher von mir schon angeführten Fundorten dieser Form, noch den Gotthard (nach Heer) und Crête de Chalam (Siegfried) angiebt.

15. Genm rhaeticnm Brgg. (*Sieversia rhaetica, montan.* χ *reptans*, J.-B. XXIV, p. 53, XXV p. 56 und 68.) Diese hybride Zwischenform wächst auch am Mt. Rosa u. in der Ortler-Gruppe. Vom ersteren Gebirge stammende Exemplare (1883, leg. Obrist) kamen im Breslauer Botan. Garten im Juli 1885 zur Blüthe, wie ich durch Herrn Garten-Inspector B. Stein daselbst erfuhr, der diesen Bastard richtig erkannt und kürzlich die Freundlichkeit gehabt hat, mir eine colorirte Abbildung desselben zur Ansicht zu senden; derselbe wird in der von ihm redigirten „Illustr. Gartenflora" Näheres hierüber berichten.

Die von Hr. Dr. D. Tramêr im Münsterthal am Piz Minschuns (2936 m.), nördlich vom Stelvio an der tirolschweizer. Grenze, gesammelte und mir zur Bestimmung vorgelegte Form ist bedeutend kleiner als die Pflanze von Lavirum und Mt. Rosa (Breslau), vom Aussehen eines 1-blüthigen 4 cm. hohen G. reptans, aber ohne Ausläufer, die 6-blättrige Blumenkrone 33,5 mm. breit, petala oval bis elliptisch (14 mm. lang, 8—9 mm. breit), Blätter 3—3,5 cm. lang, Endblättchen 15—17 mm. breit.

16. Genm reptans L. var. villosum Brgg. i. sched. H. H. (Heer „Nivale Flora d. Schwz." p. 89). Ganze Pflanze drüsenlos-zottig, Stengel steiflich, Blätter 4-jochig und sammt den Blüthen kleiner als beim Typus, die äusseren Segmente des sehr zottigen Kelches ungetheilt. Diese auffallende Form wurde vom jetzigen Seminardirektor H.

Wettstein auf dem Matterjoch (Col de St. Théodul) am
Mt. Rosa 3350 m. ü. M. (August 1865, während mehr-
wöchentlichen Aufenthalts) gesammelt und mir s. Z. (mit
der gesammten aus 13 Phanerogamen*) bestehenden Aus-
beute jener Firninsel) zur Bestimmung vorgelegt.

17. **Potentilla engadinensis Brgg.** *(alpestris* × *thur-
ingiaca)* J.-B. XXIV p. 58 No. 7. Wächst auch bei
Pontresina (12 9. 1855) und im Davoser Unterschnitt
(bei Ardüsch). Wurzelstock vielköpfig, rasenbildend, Stengel
aus niederliegender Basis aufstrebend, Grundblätter 5 — 7
zählig, Blättchen grünweich behaart, verkehrt eiförmig-
länglich, kurzgestielt, beiderseits tief 5 — 7-zähnig, Zähne
lanzettlich abstehend-vorgerichtet, Endzahn gleich oder etwas
grösser, Nüsschen deutlich runzelig. Nach A. Zimmeter
(„Die europ. Art. d. Gatt. Potentilla" 1884, p. 15), der
unsere Zwischenform eingesehen und bestätigt hat, wäre sie
synonym mit *P. gentilis Jord.* aus der Dauphiné und dem
Kant. Waadt, diese aber wahrscheinlich auch identisch mit
der ächten *P. inclinata Vill.* (nicht der Autoren, welche
wie „Gremli Ex. Fl. vielfach eine in den Formenkreis der
P. canescens gehörige Pflanze vom Wallis = P. cana Jord
o. P. Kerneri Zimm." damit verwechseln); derselbe ist auch
geneigt die *P. camonia Rota* vom Tonale hieher zu ziehen.
Letztere hat aber (nach Rota prosp. d. fl. d. Berg. p. 99)
3 — 5-zählige Grundblätter mit 3 — 4 eiförmigen, stumpfen
Zähnen beiderseits, ferner eine steife, rispige, bis 15-blüthige

---

*) Darunter auch die hybride Zwischenform *Saxifraga Wettsteinii*
Brgg. (exarata × planifolia) — J.-B. XXIV S. 87 No. 87 beschrieben — welche seither (1881) auch am Aroser Rothhorn in Graubünden von Lehrer Mettier aufgefunden worden ist.

Infloreszenz, verkehrt-herzförmige Blumenblätter und eiförmige, stumpfe Nebenblättchen, was Alles nicht zur *P. engadinensis* passt, deren Grundblätter 5—7-zählig (Blättchen beiderseits mit 5—7 lanzettl., spitzen Zähnen), Stengel 3—7-blüthig, Blumenblätter breiter (rundlich und ausgerandet), Nebenblättchen schmäler und spitz sind.

18. Potentilla rhaetica Brgg. *(alpestris ✕ grandiflora).*

Fl. Cur. 100, J.-B. XXIV p. 58 No. 9. Den früher mitgetheilten Fundorten kann noch Arosa (Churer Alpen) beigefügt werden. Auch wurde 1870 (d. 21. VI blüh.) im Zürcher botan. Garten eine, angeblich aus dem Ober-Engadin stammende, hieher gehörige, jedoch der *P. grandiflora* näher stehende Form (mit 3-zähligen Blättern) cultivirt, von welcher sie jedoch durch zärtere Stengel, breitere Kelchzipfel, am Grunde safranfarbig-gefleckte Blumenblätter, Blattform und Bezahnung, schwächeres Indument etc. sofort zu unterscheiden ist. Eine ausgezeichnete Mittelform, übereinstimmend mit der von mir (1858) in der A. Rondadüra am Lukmanier gesammelten, fand H. Siegfried 1881 wieder an demselben Passe (b. Casaccia 1850 m.) auf der Tessiner Seite. Auch diese Formen sind dem Monographen der Gattung, Herrn A. Zimmeter, zur Einsicht vorgelegt und von demselben bestätigt worden (s. dessen oben genannte Schrift p. 26). Derselbe tadelt mit Recht Gremli, der in seinen „Beiträgen" von „seiner P. rhaetica" spreche, welche eine Hybride sein soll, „Beschreibung, Fundort und Angabe der Stammarten fehlen jedoch vollständig." *)

---

*) Diess gilt nicht bloss von diesem „seinem" angeblichen Bastard, sondern von der grossen Mehrzahl der von Gremli in seinen ver-

19. **Potentilla subternata** m. *(alpestris* ✕ *minima*
Brgg., *P. ternata* Cat. Tur. *non* C. *Koch,* J.-B. XXIV,
p. 60 No. 12). Diese vom vorgenannten Monographen
d. G. ebenfalls eingesehene und bestätigte Hybride wurde
von mir auch ob St. Bernhardin (Bocca di Vignone, Aug.
1871) und von H. Siegfried am Lukmanier (A. Rondadura,
Aug. 1881) — 2200—2400 m. hoch — gesammelt.
Nach Zimmeter (Potent. p. 25) ist sie bereits auch im
Wallis (Leukerbad) und in den Venetianer Alpen nachgewiesen. „Die Blättchen sind ziemlich gross (15 mm. l.,
10 mm. br.), 3—4—5-zählig, doch walten die 3-zähligen
vor und sind ziemlich weich behaart, fast graulichgrün"
(Zimmet. l. c.). Die Bündner Exemplare haben kleinere
Blättchen (gewöhnlich 8—10 mm. l., 6—7 mm. b.) und
14 mm. breite Blüthen.

20. **Potentilla subnivalis** m. *(aurea* ✕ *minima, P.*

---

schiedenen Compilationen zur Schweizer Flora (1866—1883) aufge-
führten Hybriden, deren wenigstens 395 genannt, freilich aber nur
85 davon mit z. Thl. ungenügenden Beschreibungen oder Diagnosen
versehen werden. Verbleiben also nicht weniger als 310 Gremli'
sche Hybriden unbeschrieben (also bloss genannt), von denen
aber wieder 130 doch wenigstens mit Angabe der Autoren oder der
Fundorte verbunden sind, während immer noch 180 Hybriden bei
ihm nicht nur ohne Beschreibung, sondern auch ohne Autor
und jede andere nähere Angabe, also mit dem blossen Namen
figuriren. Ueber etwa 80 Formen ist sein Urtheil ein so schwan-
kendes, dass dieselben Pflanzen in seinen verschiedenen Publikationen
nacheinander abwechselnd bald als Bastarde, bald als Varietäten,
bald als Arten erklärt oder vermuthet und behandelt werden. Ja
in einigen Fällen (ausser bei „seiner" P. rhaetica, auch noch bei
seiner Viola perplexa, Ranunculus hybridus, Gentiana ramulosa) hat
er das unglaubliche Kunststück verübt: elternlose Bastarde — also
eine ganz neue Kategorie von Mischlingen, für welche die Bezeichnung „Findelformen" passen möchte — aufzustellen!

pulchella Brgg. *non. R. Br.*, J.-B. XXIV, p. 61, No. 16). Ebenfalls von Zimmeter eingesehen und anerkannt; übereinstimmende Formen nach demselben (Potent. p. 24) auch in den Venetianer Alpen. Die Exemplare von Avers und Vals haben 3 — 5 cm. lange, 1 — 3-blüthige Stengel, 12 — 14 mm. breite Blüthen (petala 6 — 7 mm. br., 5 — 6 mm. l. übereinandergreifend) und 3 — 5-zählige, 8 — 12 mm. l., 5 — 6 mm. br. Blättchen; eine annähernde, der P. minima näher stehende, Form habe ich aus Davos (Strela-Ritzen, 2450 m., Kalk, 20 Aug. 1883).

21. **Potentilla jurana Reut.** *(verna* X *alpestris,* J.-B. XXIV, p. 61, No. 18). Wächst auch am Mittenberg b. Chur (bis 800 m. herab, schon im April) und im Montafun b. Gaschurn ca. 1000 m. (22. V., 1882, leg. Schönach). Auch diese Zwischenform, sowie meine frühern Nummern 10, 11, 13, 15 und 17 (l. c. p. 59 — 61) hat II. Zimmeter eingesehen und bestätiget (Pot. p. 22), obgleich in Bezug auf den hybriden Ursprung da und dort noch Zweifel bestehen; dies gilt besonders von No. 14 (P. frigida-grandiflora, Brgg. l. c. p. 60, Zimm. p. 26 — 27) und auch von No. 8 *(P. alpestris* X *aurea,* Brgg. l. c. p. 58, Focke p. 131, v. Dalla Torre p. 92, Zimm. p. 24, durchaus verschieden von P. pyrenaica Ram., daher ich sie jetzt *P. pseudo-aurea* nenne), worüber unsere Ansichten auseinander gehen und die Akten noch nicht geschlossen sind.

22. **Potentilla Tormentilla** Scop. **var. curiensis** m. *(Potentilla [Tormentilla] curiensis Brgg.* in.) 'Kleine der var. *P. sciaphila Zimm.* (Pot. p. 5) nahe stehende Form, aber mit aufrechten (sammt Blüthenstielen kaum 7 cm. h.)

und derberen (armblüthigen) Stengeln, Blätter gedrängt, kurz (2 — 3 mm. l.) gestielt, Nebenblättchen und Blättchen klein, erstere ganzrandig oder etwas geschweift, eiförm. längl. bis lanzettl. (6 — 8 mm. l., 2 — 3 mm. br.), letztere verkehrteif.-längl. (10 — 15 mm. l., 5 — 8 mm. br.), beiderseits 2 — 4-zähnig, Zähne eiförmig stumpflich, Blüthen 10 mm. breit, 4 — 5-zählig, Blumenblätter 4 — 6, mit kurzkeilf. Grunde, an den Rändern sich berührend, schwach ausgerandet, Kelchabschnitte 8 — 10 fast gleich; Stengel, Blüthenstiele, Kelche, Blattstiele, Ränder und Nerven der Unterseite ziemlich dicht, Oberseite spärlich anliegend behaart. Diese habituell vom Typus sehr bedeutend abweichende und in mehreren Merkmalen sogar etwas an die P. verna Aut. (P. opaca L. ex. Zimm. p. 17) mahnende Form wächst an der sonnigen St. Luzi Halde b. Chur (730 m.).

23. **Sorbus latifolia Pers.** *(S. Aria ✕ torminalis*, Brgg. J.-B. XXV p. 57 No. 351). Von S. *Aria* ist dieser Baum oder Strauch durch die meist tiefer gelappten Blätter, deren Lappen stets von unten nach oben an Grösse abnehmen, von S. *torminalis* durch die unterseits dünnfilzigen Blätter mit vorwärts gerichteten, nicht spreizenden Lappen, in allen Formen sicher zu unterscheiden. An der lebenden Pflanze sind die Blätter durch die lederig-pergamentartige Steifheit, ähnlich wie bei S. torminalis, ausgezeichnet. Diese in Deutschland, Oesterreich und Frankreich weit verbreitete Zwischenform wird bekanntlich von den meisten neueren Autoren (wie Irmisch, Garcke, Willkomm, Reisseck, Neilreich, Caflisch, Ascherson, Ruhmer, Prantl, Godron, Focke, Nymann etc.) für hybrid angesehen. Von D e c a i s n e sind jedoch neuerdings Bedenken gegen die hybride Natur der-

selben erhoben worden, hauptsächlich wegen des Vorkommens bei Paris (ohne die Eltern); auch in Oesterreich soll die Zwischenform (als *S. intermedia Schult.*) — mit dem Bastard anscheinend völlig übereinstimmend — als selbstständige Art vorkommen. Wer aber unsere Form an ihrem Standort beobachtet hat, wird (wie G. Ruhmer 1881 über die Thüringer Pflanze schreibt) an ihrer Bastardnatur kaum zweifeln. Für die Schweiz haben ich (1860) und Professor Dr. G. Huguenin (1870) ihr Vorkommen an der Lägeren bei Baden (allerdings bloss als steriler Strauch) wohl zuerst nachgewiesen. (F. Mühlberg Gefässpflanz. d. Aargaus 1880 p. 54, Brgg. l. c.) Da kommt jedoch ein Anderer, der früher (1866 noch) die vernünftige Meinung hatte, „*Pyrus latifolia DC.* (Aria ✕ torminalis) werde vielleicht auch noch in der Schweiz gefunden," jetzt aber mehr weiss — und erklärt (1883) — zwar ohne Autopsie, aber auf die „Autorität" eines Cand. Buser gestützt, was ihm vollkommen genügt — im bekannten Orakelton: „Die Pflanze B.'s ist eine simple scandica" (Grml. N. B. 3, 9). Da meine Belegstücke im H. H., also in einer öffentlichen, Jedermann zugänglichen, Sammlung des Schweiz. Polytechnikums in Zürich niedergelegt sind, so ersuchte ich den damaligen Conservator und jetzigen Director des bot. Museums, Hrn. Prof. Jäggi, einen ausgezeichneten Kenner der Schweizer Flora, um sein Urtheil über den fraglichen Sorbus. Jäggi war so freundlich, meiner Bitte zu entsprechen, indem er (am 26. V, 1884) mir u. a. schrieb: „Den 22.—24. Mai war ich mit der Excursion im Jura, auf Ravälle und Roggenfluh waren auch viele *S. scandica* und *Aria*, letztere weniger; ich habe nun an Ort und Stelle die *scandica* in

allen Blattformen genau studirt und heute Deine *latifolia*
(Aria ✕ *torminalis)* von der Lägeren damit verglichen und
stehe dazu: Der Sorbus von der Lägeren ist und
bleibt der Bastard und von *scandica* keine Spur."
Acht Tage darauf (3. VI, 84) berichtet Hr. Jäggi ferner:
„Ich bin gestern mit Prof. C. Schröter extra auf die
Lägeren b. Baden gegangen, um die Sache zu untersuchen.
Resultat: auf der ganzen Lägeren keine Spur von
scandica! Dagegen etwa 7 Büsche von *Aria* ✕ *torminalis*, ziemlich nahe beisammen auf dem Grat ob Baden,
ganz gleich denjenigen in unserm II. H. von
dort."*) Uebrigens ist seither der Bastard Aria ✕ torminalis noch in anderen Gegenden der Nord-, Mittel- und
West-Schweiz wild gefunden worden: in der Flora von Schaff-
hausen (Jäggi), Zofingen (Lüscher p. 63) und bei Aigle
(Jaccard).

24. **Saxifraga Huguenini** m. *(S. aspera L. var.
subacaulis Brgg.* in.) ... „Sicher eine nagelneue Form
aus der Gruppe von S. aspera L., von sehr eigen-
thümlichem Wuchs und Rasenbau, worin sie lebhaft an
S. oppositifolia mahnt, in deren Gesellschaft sie — zugleich

---

*) Damit ist also bewiesen, dass die HH. Buser & Gremli
nicht einmal im Stande sind, „eine simple scandica" zu unterscheiden — wohl aber die Arbeiten älterer erfahrener Forscher zu ver-
dächtigen und zu verdrehen, wo nicht zu ignoriren, um desto besser im
Trüben fischen zu können. In diesem Falle kam freilich nur ein
mageres, neues Synonym (S. confusa Grml. = S. latifolia Aut. non.
Pers. = Aria ✕ torminalis = S. hybrida Bechst. = S. intermedia
Aut.) heraus, dessen Berechtigung durch den Mangel einer Beschreibung oder Differentialdiagnose wohl kaum erwiesen wird. Wenn aber
solches bei Sorbus geschieht, was ist da erst bei Salix, Hieracium,
Rosa, Rubus etc. zu gewärtigen!!

mit S. bryoides und Androsace glacialis — wächst. Beim
ersten Anblick über das fremdartige Aussehen der herrlichen
Pflanze fast erschrocken, dachte ich zuerst an einen Bastard
mit S. oppositifolia, woran aber gar nichts ist und rief
dann jauchzend meinen Begleiter (Kreisförster Z.) herbei,
um den neuen Fund zu bewundern. Sicher ist diese Form
von *S. bryoides* und *aspera* so verschieden und so gute
oder bessere Art als z. B. *S. Facchinii* oder *S. Rudolphiana* oder *S. Kochii.*, oder auch Androsace Charpentieri.
Von den nächst verwandten Arten *S. bryoides* L. u. *S. aspera*
L. unterscheide ich sie vorläufig: foliis petalisque
latioribus, his ovato-oblongis stellatim expansis contiguis, sepalis setuloso-ciliatis patentibus (a bryoide),
floribus duplo majoribus sessilibus (exscapa!) vel breviter pedunculatis (subacaulis), pedunculis firmulis
eglandulosis parce hirsutis vix 1 lin. long. (nec foliatis, nec bracteatis)...." Mit diesen Begleitworten
übersandte ich die frische Pflanze (sie bildet Rasenpolster
von 10—20 cm. Breite), die ich am 30. Aug. aus dem
hinteren Calanca-Thale gebracht und nach Uebersteigung
des Buffalora-Passes (mit Besteigung des 2634 m. hohen
Fil della Commarina) erst am 2. Sept. (1867) in Soazza
auf die Post geben konnte, an die Adresse eines l. Freundes
in Zürich, ihn bittend, davon eine Zeichnung anfertigen zu
wollen. Derselbe, damals gerade als Spitalarzt, während
einer dort eben wüthenden Cholera-Epidemie, durch die
Praxis ausserordentlich in Anspruch genommen, brachte der
Wissenschaft und Freundschaft dennoch das Opfer und
fertigte in fliegender Eile eine Bleistift-Skizze. Dieselbe
fiel so gut aus, dass sie — erst nach Jahren — zu einer

wohlgelungenen colorirten Abbildung (die ich Fräul. M. v. Gugelberg verdanke) als Vorlage dienen und dem Monographen der Gattung zur sofortigen Orientirung genügen konnte. Ueber Werth und Stellung der neuen Form hat sich nämlich Herr Prof. Dr. A. Engler, Direktor des botan. Gartens in Breslau, wohl der erste Kenner der Saxifragen, erst kürzlich in einem Schreiben an mich (d. 24. II. 1886) folgendermassen geäussert: „Die von Ihnen freundlichst übersandte *Saxifraga* gehört gewiss zu *S. aspera;* aber sie ist eine sehr charakteristische Varietät, die wohl nur desshalb mit *S. bryoides* nicht auf gleiche Rangstufe gestellt werden kann, weil sie wahrscheinlich nur ganz lokal auftritt.... Die Pflanze erinnert auch an die Form *S. intermedia Hegetschw.*, ist aber jedenfalls davon verschieden und steht durch die Beschaffenheit ihrer Blätter der *S. aspera* näher." Dabei muss daran erinnert werden, dass Prof. Engler in seiner Monographie Vieles zu den Varietäten zieht, was Andere als subspecies oder species auffassen, so z. B. ausser der Linnäischen S. bryoides (die er, mit Gaudin und vielen französ. Autoren, für eine blosse Var. der S. aspera ansicht, während ich sie, mit Facchini, Koch und der Mehrzahl der Autoren, für eine gute Art oder Unterart halte), auch die Kochschen species: S. Clusii (non Gou.), S. Facchinii, S. Rudolphiana, S. sponhemica, ferner S. Allionii Gaud., S. Iratiana Schltz., S. Hohenwarthii Strnbg. etc.

Was aber das lokale Vorkommen anbetrifft, so hat dies auch mir — trotz des analogen Verhaltens von Androsace Charpentieri Hr. u. Potentilla grammopetala Mor. in demselben (an Endemismen nicht armen) Gebiete —

längere Zeit Bedenken verursacht, so dass ich es vorzog, die neue Form weiter zu beobachten und ihre Verbreitung zu erforschen, statt sie voreilig (wie es jetzt vielfach Mode zu werden beginnt) zu publiziren. Jetzt kenne ich aber noch ein zweites Vorkommen der *S. Huguenini* ausserhalb des Calanca-Thales, in derselben Adula-Gebirgsgruppe, jedoch der nördlichen Abdachung, nämlich im Rheinwald-Thale (Thäli A., ebenfalls mit S. bryoides, 24. Aug. 1875). Die Region ist 2200—2500 m., der Boden alter bewachsener Fels- und Lauinenschutt des krystallin. Schiefergebirges. In die tieferen Regionen der *S. aspera* L. geht sie nirgends herab, wie das doch die *S. bryoides* L. bei uns (bei 1700—2000 m.) so häufig thut, Arten, die man z. B. in der Thalsohle des Ober-Engadins ganz gewöhnlich beisammen findet; die letztere für die Hochalpenform der ersteren zu erklären, geht desshalb nicht an. Wohl aber würde diese Auffassung auf *S. Huguenini* passen, die in ihrem gedrungenen Wuchse etc. so recht eigentlich den charakteristischen Typus der Hochalpenpflanzen (wie der Aretien, Cherlerien, Alsinen, Gentianen) zur Schau trägt, wenn es Uebergänge zu S. aspera gäbe; solche konnte ich bisher keine finden. Wohl aber (in der Thäli-Alp, in Gesellschaft der S. intermedia Heg.) einmal eine Form mit unterwärts entfernt beblätterten (4 cm. l.) 1—2 blüth. Schaft, welche als (vielleicht hybride) Zwischenform *Huguenini + intermedia* gelten kann; ebenso mehr oder weniger annähernde Formen der *S. intermedia* mit (5—15, 20—35 mm. l.) blattlosen oder nur unterwärts beblätterten Blüthenstielen oder Schäften: im Oberland (Sagenser-, Ranasca- und Brigelser-A. bei 2100 m.) und Avers (Stallerberg

2600 m.). Letztere sind aber durch die kleineren Blüthen und die unbewimperten stumpflichen Kelchzipfel leicht von der S. Huguenini zu unterscheiden. Uebergänge zu *S. bryoides*, in deren Gesellschaft sie an beiden Fundorten wächst, suchte ich vergebens; von dieser unterscheidet sich *S. Huguenini* immer augenfällig genug: durch doppelt so grosse sitzende od. kurz (höchstens 22 mm. l.) gestielte Blüthen mit breiteren länglicheirunden am Rande sich berührenden Blumenblättern und spitzeren Kelchzipfeln, durch die meist längeren Stämmchen mit breiteren (4—5 mm. l., 1—1,3 mm. br.), stärker gewimperten, an der Spitze weniger gekrümmten, die Gemmen gewöhnlich deutlich überragenden (seltener gleichlangen), übrigens dachziegelig gedrängten Blättern.

Ich habe diese neue Pflanzenform benannt nach Hrn. Prof. Dr. G. Huguenin-Rosenmund, weil. Direktor der medizin. Klinik in Zürich, meinem naturkundigen Freunde und Gefährten auf so mancher gemeinsamen Excursion vom blauen Zürichsee zum sonnigen Jura und zu den Firnfeldern der Alpen.

25. **Anthyllis (alpicola) Cherleri Brgg.** (Fl. Cur. 101; *Vulneraria nostra fl. albo ex Gotthardo Cherler* ap. J. Bauh. II, 362, *Hall.* hist. stirp. helv. No. 398 β.) Stengel ansteigend meist etwas ästig, röthlich angelaufen, sammt den grauen Blüthenstielen und Kelchen mehr oder weniger dicht seidenhaarig, Grundblätter einfach oval oder länglich-oval, Stengelblätter 2—3 paarig gefiedert, Blättchen lanzettl. bis lineallanzettl.; Hüllblätter handspaltig bis handtheilig, halb so lang oder fast gleich lang wie die grossen Köpfchen, Zipfel lineallanzettl. zugespitzt; Krone gelblich-

weiss mit purpur- oder safranfarbenem Kiel; Hülse stumpf etwas über der abgerundeten Basis gestielt (wie bei A. Vulneraria). Die *A. alpestris* Rchb. (fl. exc. p. 515) u. v. *Dalla Torre* (Alpfl. p. 84) — aber nicht *Heget-schw.* (Fl. Schw. p. 693) — unterscheidet sich von unserer Pflanze hauptsächlich durch lanzettliche in den Stiel herablaufende Hülsen („legumine lanceolato in stipitem decurrente!" Rchb.), durch zahlreichere (6—8) Fiederblättchen und stumpfe Zipfel der Hüllbl. (Ob das ältere Synonym *A. alpestris* Kit. hieher oder zur A. Dillenii Schult. zu ziehen sei, darüber sind die Autoren uneinig.) *A. alpestris* Heg. (l. c. 1840) aber — von den drei Synonymen das jüngste (das Rchb.'sche ist von 1830, also 10 J. älter) — daher ich sie *A. alpicola (Hegetschweileri)* benenne — unterscheidet sich auf den ersten Blick: durch die gold- bis dottergelbe Blüthenfarbe („Blumen gelb" Hegetschw. l. c.), die braunrothen Kelche, geringere Behaarung und Grösse, die weniger tief gespaltenen Hüllbl. mit breiteren Zipfeln, — kaum von der Länge des Kelchs — sowie endlich durch den Standort auf Wiesen und Waiden, das grosse Kalkbedürfniss, daher ihre Verbreitung hauptsächlich im Kalkgebirge (von 1000—2700 m. ü. M.), während *A. Cherleri* im Gegensatze dazu, eine Felsen- und Schutt-pflanze der Flussbetten, felsigen Abstürze und steinigen Waiden, ihre grösste Verbreitung im krystallinischen Urge-birge der centralen und transalpinen Alpenthäler hat (in der Höhe von 1300—2400 m. ü. M., nur in sporadischem oder erratischem Vorkommen bisweilen tiefer, bis 830 m. im Rheingebiete, in transalpinis — mit anderen Alpinen — auch tiefer), woraus sich mit logischer Nothwendigkeit ein

viel geringeres Kalkbedürfniss derselben ergiebt. Kurz:
A. Cherleri ist die Kieselform, A. Hegetschweileri die Kalkform, beide sind nach Verbreitung und
Standort, sowie morphologisch von einander so verschieden,
wie etwa Anemone alpina und A. sulfurea, Gentiana acaulis
und G. excisa, Rhododendron hirsut. und Rh. ferrugin etc.,
welche aber durch Zwischenformen verbunden erscheinen,
während mir solche zwischen den beiden Anthyllis-Formen
noch nie vorgekommen sind. Deren Trennung (als subspecies) scheint daher systematisch und pflanzengeographisch
ebenso gerechtfertigt, wie die der angezogenen Beispiele
(um von den Mode-Artikeln Rubus und Rosa nicht zu reden).
In diesem Falle hat aber die Sonderung auch ein prak-
tisches Interesse, da es sich um die genauere Kenntniss
einer der werthvollsten Futterpflanzen handelt. Nach Obigem
ist nicht daran zu zweifeln, dass das Kalkbedürfniss,
welches bei A. Vulneraria des Tieflandes bis auf 3,37 %
steigt (auf d. Heuertrag berechnet nach Wolff), bei *A. Cherleri* ein wesentlich geringeres sein muss, was im landwirthschaftlichen Interesse durch die chemische Untersuchung
genauer festzustellen wäre. Dann dürfte A. Cherleri noch
einmal berufen sein, auf kalkarmen Sandböden, wie z. B.
im Brandenburgischen, mit Lupine und Serradella erfolgreich
iu Concurrenz zu treten. Schrieb ja doch Prof. Dr. Jul.
Kühne in Halle schon vor 10 Jahren in Bezug auf die
gemeine Vulneraria: „Der Wundklee ist trefflich geeignet,
den Rothklee bei kurzzeitiger Nutzung und für den
Zweck der Heugewinnung auf gutem Mittelboden (auf kalk-
haltigem Sandboden, wo das Gedeihen der Lupine und
Serradella ein wenig sicheres) zu ersetzen." „Ueberall wo

auf besserem Boden der Rothklee, auf geringerem die Serradella und die Lupine unsichere und schwächere Erträge
geben, sollten Anbauversuche mit Wundklee gemacht werden,
welche gewiss befriedigend ausfallen, wenn der Boden
nicht zu arm an Kalk" (S. Schulze*). Dabei ist es
zugleich von Wichtigkeit, dass *A. Cherleri* — was übrigens
von der Alpenform (*A. alpicola* gegenüber der typischen
A. Vulneraria) überhaupt gilt — dem Linsser'schen
„Gesetze der constanten Wärmequoten" zu Folge — als
eine im Gebirge erzeugte, in die wärmere Ebene versetzte
Pflanze der hier erzeugten in der Entwicklung vor-
auseilen muss, während ja Lupine und Serradella als
südliche, nach Norden versetzte Pflanzen hinter den hier
erzeugten zurückbleiben müssen. Dann ist es auch der
höhere Nährwerth des Bergheu's, eine in den Alpen-
ländern aus uralter Erfahrung allgemein bekannte, nunmehr
auch durch die chemische Analyse erwiesene Thatsache,
welche die Aufmerksamkeit der Landwirthe mehr als bisher
verdient und zum Anbau solcher und ähnlicher Alpenformen im Tieflande aufmuntern sollte. Prof. F. Kaltenegger sagt hierüber bei Vergleichung der chemischen
Zusammensetzung des Gebirgsheu's (aus der Region von
1800—2200, nach 2 dem Kalk- und 2 dem krystallin.
Schieferboden entnommenen Proben) mit dem Thalwiesenheu:
„Wir sehen dass das Bergheu insbesondere an Fett (10,79 %)
und stickstofffreien Extractivstoffen (45,9 %) reicher ist als
Thalheu (mit 10,1 % und 40,9 %), und dass es viel
weniger Rohhafer (18,26 %) als dieses (mit 25,52 %)

---

*) Fühlings „landwirthsch. Ztg." 1875, I, 1—9.

besitzt, ein Vorzug der das Futter aus der Hochregion viel leichter, schneller und vollständiger verdaulich erscheinen lässt und daher ganz wesentlich die hohe Nährwirkung, aber auch den bekannten „hitzigen Charakter" desselben aufklärt".*) Offenbar ist also da mit dem Zusammenwerfen der Formen des Hoch- und Tieflandes weder den landwirthschaftlichen, noch den floristischen und pflanzengeographischen Interessen sonderlich gedient, wenn es auch bequemer und im Hinblick auf die Rubus-Tournüre gewisser dichotomen Floristen erleichternd sein mag. Zu den oben angeführten morphologischen und physiologischen Unterschieden kann noch die Länge der Fahne, welche bei der Alpenform so lang als ihr Nagel (bei der Ebenenform nur halb so lang als der Nagel), hinzugefügt werden. Hegetschweiler hat die fast ganzblättrige grossköpfige goldblüthige Charakterform der Kalkalpen (die aber auch auf den Kalkstöcken der Centralpen, z. B. dem P. Padella i. Engadin bis 2700 m. und den Molasse-Bergen, z. B. dem Albis bei 918 m., noch vorkommt) sonst zuerst und richtig erkannt, und sie von der Ebenenform geschieden; die weisslichblühende Kieselform dagegen hat er kaum gekannt.**) Diese haben augenscheinlich H. Cherler und mit ihm Joh. Bauhin

---

*) F. Kaltenegger, Rinder der österr. Alpenländer, 1884, I, 101 ; die untersuchten 4 Heuproben, deren Mittelwerthe oben mitgetheilt sind, stammten vom Ortler-, vom Valzam und Blasergebirge im Gschnitz-Thal.

**) In der Ausgabe von Suter's fl. helv. 1822, II, 112, hat er dessen aus Haller l. c. compilirte Angaben (Sut. 1802, II, 93) wörtlich wiedergebend nur eine „var. fl. albo in subalpinis c. Thermas Leucenses etc." aufgeführt, die er später Fl. Schw. 1840, 693, ganz weglässt, dafür aber eine A. alpestris „mit gelben Blumen" aufstellt

dann Haller wohl zuerst und jedenfalls richtiger erkannt und geschieden als neuere Compilatoren, die unter dem Namen „var. alpestris Heg." (sic!) — was doppelt falsch ist — die weiss- und gelbblühenden Formen der Kalk- und Central-Alpen zusammenschmeissen, ja gar noch die dritte rothblühende Form (A. Dillenii Schult. = A. rubri- flora Heg.) in denselben Tigel dazu werfen. Am Gotthard und bei den Leukerbädern, wo jene Väter der Schweizer Flora ihre „Vulneraria fl. albo" angeben, ferner im Tessin, Misox, Calanca, S. Jacobsthal, Bergell, Veltlin (Bormio), Münsterthal, Samnaun, Unter- und Ober-Engadin, Mittel- bünden, Rheinwald etc. habe ich *A. Cherleri* seit mehr als drei Dezennien selber in der Natur beobachtet und bin dabei zu den oben dargelegten Resultaten gekommen.

26. **Vicia Scheuchzeri Brgg.** (Fl. Cur. 103; *Vicia alpina odorata Scheuchzer* ap. *Hall.* hist. st. I, 184 No. 424; *V. Cracca var. Sut.* fl. helv. II, 99; Rösch in „Al- pina" II, 212; *V. tenuifolia Auct. pl. non Roth l*). Ganze Pflanze ziemlich kahl, Stengel aufrecht etwas steif (20--70 cm. hoch) nebst Blatt- und Traubenstielen ange- drückt fläumlich (puberulus); Blättchen 8—13- meist 10- paarig, lineal-lanzettl. 7—9 mal länger als breit (14—28 : 1,5—4 mm.), zugespitzt, an der Basis 3-nervig, unterseits und am Rande (sammt den Kelchen) angedrückt schwach behaart; Trauben reichblüthig (10—40-, meist 20—30- bl.) sammt Stiel 7—14 cm. und ungefähr doppelt so lang als das Stützblatt, anfänglich gedrängter später lockerer; Blüthen relativ gross (11—14 mm. l.), duftend, blau ein- farbig oder weiss gescheckt (Flügel öfter mehr oder weniger, wenigstens am Nagel weiss), Fahnenplatte so lang als ihr

Nagel, aber länger als Schiffchen und Flügel; Kelch meist
gefärbt, unterster Zahn doppelt so lang als seitliche lineal-
pfriemlich; Hülsen länglich-lanzett 4—5 mal so lang als
breit (18—25: 4—5,5 mm.) hängend, ziemlich lang
gestielt, Stiel ungefähr so lang als Kelchröhre, Nabel ⅓
des Samens umgebend. *(Cracca Scheuchzeri Brgg.* in.)
Diese von J. J. Scheuchzer schon zu Anf. des vorigen
Jahrh. um Sils im Ober-Engadin entdeckte, auffallend reich-
und grossblumige duftende Alpenform, die sich dadurch —
sowie in Blattform Wuchs und Ueberzug — einigermassen
der *V. tenuifolia Roth* nähert, zähle ich jetzt zu den
Charakterpflanzen des Ober-Engadins, wo sie von Zuz bis
Sils und Fex vom Thal bis zu den untern Alpstaffeln häufig
vorkommt; aber auch in Davos, Bergün, Oberhalbstein,
Rheinwald (bes. reichlich zwischen Splügen und Nufenen),
auf der Lenzerhaide, in Tavetsch, Ursern, Livinen (Airolo)
u. a. subalpinen Thälern (von 1400—2100 m.) der Central-
alpen ist sie verbreitet.

Die ächte *V. tenuifolia Roth* — welche mir aus der
Schweiz und den Alpen noch nicht zu Gesicht gekommen —
unterscheidet sich (nach mir vorliegenden Exemplaren aus
Bayern) von unserer ihr habituell ziemlich ähnlichen *V.
Scheuchzeri:* durch noch zahlreichere (11—15 paàrige)
und schmälere (bloss 1,5—2 mm. br·, 20—25 mm. l.)
Blättchen mit deutlicher hervortretender Nervatur, noch mehr
verlängerte (mit Stiel 14—25 mm. l.) locker- und reich-
(meist mehr als 30-) blüthige Trauben, blässere (12—14
mm. l.) Blüthen mit relativ längerer Fahne (Platte 2 mal
so lang als ihr Stiel) und ungefärbten Kelchen, sowie das
Vorkommen auf Kalkboden (nach Jessen Deutsch. Exc. Fl.

S. 358 „wahrscheinl. Höhen- und Kalkform der V. Cracca"),
während *V. Scheuchzeri* an das krystallin. Schiefer- und
Urgestein der Centralalpen gebunden erscheint (demnach als
Alpen- und Kieselform bezeichnet werden kann).
Die weitere Verbreitung der *V. Scheuchzeri* erfordert
noch ein genaueres Studium in der Natur. Dieselbe scheint
bisweilen, wie andere Alpenpflanzen, mit den Bergflüssen in
tiefere Regionen hinabgeführt zu werden und dort sich zu
erhalten; so an der Lanquart bei Marschlins, wo Salis
(1832) Exemplare gesammelt hat, die ich (nach dem Herb.)
unbedenklich hieher ziehe; ebenso verschiedene s. Z. von
Schleicher und Thomas als „ *V. tenuifolia"* versandte
Exemplare (aus der West-Schweiz? ohne Standortsangabe),
welche ich in verschiedenen Herbarien (z. B. H. H.) sah,
und auf welche Hegetschweiler (Herb. u. Fl. d. Schw.
S. 721 — wo jedoch die „kleineren Blumen" zu streichen)
u. a. Schweizer-Floristen*) ihre gleichnamige species be-
gründet haben mögen. Dasselbe vermuthe ich bezüglich
der „ *V. tenuifolia"*, welche Tappeiner im oberen Vintschgau (Mals, Matsch: Hausm. Fl. Tir. S. 233), Rota am
Tonale (prosp. fl. Berg. p. 35), Anzi in Bormio („in subalpinis" Auctar. p. 185) angeben, deren Pflanzen ich nicht
gesehen habe (im transalpinen Graubünden, in Poschiavo
und Bergell, ist das Vorkommen der *V. Scheuchzeri* von
mir bereits constatirt).

---

*) *V. (Cracca) tenuifolia Gaud.* (fl. helv. IV, 508) und „ *V. tenuifolia DC."* ex *Grml.* Exc. Fl. sind — wenigstens nach deren Beschreibungen — von *V. Scheuchzeri* nicht, wohl aber von der ächten
V. tenuifolia Roth zu unterscheiden. Auch Exemplare von Branson
(Wallis), welche *Muret* gesammelt und als „V. tenuifolia" an Moritzi
mitgetheilt hat, stellen eine etwas armblüthige und kurztraubige
der V. Cracca sich nähernde *V. Scheuchzeri* vor.

27. Trifolium rubens L. var. subglobosum m. (T. alpestre Auct. p. non. L.) Diese mehrfach mit T. alpestre verwechselte Form ist ausgezeichnet durch schlankere Stengel, kleinere Blüthen und verkürzte, eiförmige bis fast kugelige Aehren, wodurch sie in auffälliger Weise sich vom Typus entfernt und dem T. alpestre sich einigermassen nähert, von welchem sie jedoch durch die kahlen Kelche und Stengel sofort zu unterscheiden ist. Blüht in Menge zu Anfang Juli bei Bellaggio am Comer-See, zwischen Menaggio und Porlezza am Luganer-See und vereinzelt am Vierwald-stätter-See (zwischen Fluelen und Sisikon), wo ich nirgends ein ächtes T. alpestre bemerken konnte. Hieher gehört auch eine als „T. alpestre" und mit dem Fundort „Engadin" bezeichnete von Prof. O. Heer s. Z. gesammelte Pflanze (H. H.), auf welche sich die Angabe von Moritzi (Pfl. Graub. 52) vom Vorkommen des „T. alpestre L. bei Fettan (Heer)" gründet, wo ich, Dr. Killias u. a. Neuere weder die eine noch die andere Form finden konnten. Es verdient demnach diese anscheinend nicht hybride Zwischenform (T. alpestre + T. rubens) weitere Beachtung.

28. Primula Heerii Brgg. (P. integrifolia $\times$ hirsuta [villosa] Brgg. J.-B. XI, 58; Fl. Cur. 80; J.-B. XXIV, 100 No. 105; P. Flörkeana Bovel. p. u. Heer non Schrad., Wegel. Enum. fl. helv. p. 28.)*) Unterscheidet

---

*) „Haec nova pulchraque stirps in valle Bevers a cl. Bovelin detecta est." (Wegelin l. c.). Die betreffenden s. Z. vom Entdecker an Prof. Heer eingesandten Exemplare habe ich in dessen Herb. (H. H.) eingesehen und als P. Heerii erkannt. Aber Bovelin hat unter demselben Namen („P. Flörkeana") auch P. Marcliana Mor. aus d. Engadin (so ganz typisches 2-blüth. Exempl. im Herb. Coaz) und als „P. minima" auch P. Oenensis Thom. = P. Paoliana Brgg.

3

sich von *P. integrifolia*, der sie oberflächlich betrachtet am meisten gleicht. durch die lebhafter purpurne Blüthenfarbe, den an *P. hirsuta All. (villosa K.)* mahnenden, aber schwächeren harzigen Balsamduft (die Blumen der *P. integrifol.* sind geruchlos!), den drüsig behaarten (weder bartigen, noch bestäubten) Schlund, die schlankere Kronröhre, den glockig-trichterförmigen am Grunde grünen Kelch, die kürzeren (nur $1/4$—$1/3$ der Kelchlänge erreichenden) eiförmig-lanzettl.-lineal verschmälerten Deckblättchen (bei *P. integrifol.* mehr als $1/2$ solang wie Kelch), die längl.verkehrt-eiförmigen, von der Mitte an deutlich gesägtgezähnelten Blätter, und ganz besonders durch den über beide Blattflächen, Stengel, Kelch und Kronröhre (Aussenseite) sich erstreckenden drüsenhaarigen Ueberzug (daher ähnlich der *P. hirsuta All. = P. viscosa Vill.* etwas viscid). Von letzterer, namentlich deren armblüthigen Zwergform *var. minor Gaud. (= P. exscapa Heg.)*, in deren Gesellschaft sie wächst, unterscheidet sich *P. Heerii*: durch die mattere Purpurfarbe und den schwächeren Duft der Blumen, den purpurnen Schlund (welcher bei P. hirsuta All. und exscapa Heg. immer weiss ist!), den mehr concaven, fast trichterig vertieften Saum mit tiefer eingeschnittenen Lappen, sowie durch die Form des Kelches und der Deckblättchen, den Blüthenstand (sehr kurze Blüthenstiele) und allgemeinen Habitus, worin sie mehr an P. integrifol. mahnt. Schaft 8—15 mm. hoch, 1—2 blüthig,

vom Umbrail (Herb. Krättli) versandt. Die ächte *P. Floerkeana Schrad.* dagegen ist bekanntlich eine hybride *P. glutinosa ✕ minima* (der Ostalpen), die daher im Ober-Engadin, wo beide Stammarten fehlen, nicht vorkommen kann.

Rosettenblätter 10—15 mm. l., 5—7 mm. br., Kelch
5—6 mm. l., 3—4 mm. br., Kronröhre 8—12 mm. l.,
Saum 15—19 mm. br. — Obige Beschreibung stützt sich
im Wesentlichen auf die an Ort und Stelle beim ersten
Anblick der lebenden Pflanze an ihrem natürlichen Stand-
orte aufgezeichneten Notizen, als ich am 26. Juni in der
Alpmulde von Ober-Latschüel an der Küpfenfluh westlich
über Davos-Platz (in der Meereshöse von ca. 2400 m.
auf glimmerreichem sandigem Lehmboden, gneisähnliches
„Casannagestein" Theob.) unter den zu Tausenden blühenden
Schaaren der beiden Stammarten zum ersten Male eine
Gruppe der neuen Zwischenform erblickte und sofort erkannte.
P. integrifolia, eine häufige Pflanze unserer Alptriften,
konnte ich beim Aufsteigen durch die Grüne- und Loch-Alp
von der Waldgrenze an aufwärts ringsum auf allen Waiden
und bis hinan an die felsigen Abstürze der Gräte begrüssen,
wo sie mit den untersten Ansiedlungen der felsenbewohnenden
P. villosa K. zusammentrifft. Hier nun an einer Stelle,
wo sich die letztere auch auf den am Fusse der Felsabstürze
ausbreitenden steinigen Waideterrassen niedergelassen hat,
(wie das die armblüthige Zwergform *P. exscapa Heg.* öfters
thut, während die Normalform *v. major. Gaud.* die Felsen
nie verlässt), also gerade auf der Grenzlinie zwischen Waide
und Felsen („Tschuggen"), wo die zwei sonst durch den
Standort streng geschiedenen Arten miteinander in nähere
Berührung kommen, hier winkt auf einmal eine kleine
Gruppe der neuen Form, die in ihrem ganzen Habitus wie
in den einzelnen Charakteren den deutlichen Stempel eines
durch Kreuzung entstandenen Mischlings an sich trägt.

Ein ganz analoges standörtliches Verhalten zeigen von
den übrigen Bastarden der *P. integrifolia* auch (im En-

gadin, am Albula, Fluela und in Avers) die viel häufigere
P. Muretiana Mor. (integrifol. ✗ graveolens) — deren
hybriden Ursprung ich schon vor 3 Decennien erwiesen
habe (bei Rchb. fil. icon.) — und in den Linth-Alpen
die weit seltenere P. Escheri Brgg. (integrifol. ✗ Auricula, J.-B. XXIV, No. 104, Wartm. u. Schlatt. Gefässpfl.
v. St. Gall. Appenz. II, 348).

29. Primula Salisii Brgg. (P. hirsuta ✗ viscosa = *P. viscosa* ✗ *graveolens*, J.-B. XXIV, 100, No. 107.) „P. villosa K. übergehend in P. latifolia K." b. St. Moritz im

Ober-Engadin (Aug. 1836 leg. U. A. v. Salis). V. Bever
2170 m., Mysella und Gravatscha (Krättli seit 1859),
Mortiratsch und Bernina (Christ 1865, Caviezel 1885).
P. Nadils bei Süss i. Unter-Engadin (Pfr. A. Mohr 1872).
Im frischen lebenden Zustande verglichene Blüthen-Exem-
plare der beiden Stammarten zeigen nachfolgende (grösstentheils im Herbar verloren gehende) Unterschiede. P. hirsuta All. = *P. viscosa Vill.* Gaud. Gr. Godr. (dern vorigen
Namen — trotz dessen Priorität — als der passendere,
ja allein richtige vorzuziehen für eine so ausgezeichnet vis-
cide Pflanze) *v. major Gaud.* besitzt oberseits etwas grau-
liche, unterseits hell-grüne Blätter von derberer (dickerer)
Consistenz, aber zärtere rascher welkende Blumenkronen
mit breiterem flacherem purpurrothem Saume (20—25 mm.
breit), mit stets weissem nicht bestäubten oder bepuderten
Schlunde und (aussen) rosenrother bis weislicher, am Grunde
weisser Röhre. *P. graveolens Heg.* (= P. latifolia K., P.
hirsuta Vill., P. viscosa All. DC.) dagegen hat stärkere
höhere Schäfte und grössere dunklere saftig grüne, aber
dünnere rascher welkende Blätter, dafür aber Blumen

von derberer Beschaffenheit (daher weit dauerhafter) und verschiedenem überall gleichfarbigem satt violetten Colorit aber mit weissmehlig bepudertem Schlunde, etwas schmälerem concaveren Saume (12—18 mm. br.), längerer (10—14 mm. l.) Röhre und — bei der langgriffeligen Form — etwas höherer Insertion der Staubgef. (3—3,5 mm. über der Basis, bei voriger bloss 1—1,5 mm. hoch); auch finde ich den Duft der Blüthen schwächer als bei jener, den harzig-balsamischen Geruch der Blätter bei beiden gleich. Die Unterschiede in Blatt- und Kelchform, sowie im Blüthenstand, Frucht u. a., welche auch noch an den getrockneten Pflanzen auffallen, übergehe ich als allgemein bekannt (weil in jeder Compilation nachzulesen). *P. Salisii* steht nun in Grösse, Form und Färbung des Schaftes und der Blätter der P. graveolens näher, aber letztere sind etwas derber jedoch immer noch zärter als die der P. viscosa; ihre 2—14-blüthigen Dolden sind schiefaufrecht und weniger seitwärts gewandt (nickend) als bei P. graveol., ihre Blumen halten in Geruch und Consistenz die Mitte zwischen denen der Stammarten, ihr flacher Saum misst 18—22 mm. im Durchmesser, seine Purpur-Farbe hält die Mitte zwischen dem Violett der P. graveol. und dem Roth der P. visc. (und erinnert an die der P. Muretiana), der Schlund ist weiss und nicht oder kaum schwach bepudert, die Röhre aussen purpurn innen weiss, von gleicher Länge (9 mm.) und tiefer Insertion der Staubgef. (1,5—2 mm. über der Basis bei der langgriffel. Bth.), auch der glockig-halbkugelige (mit der Kapsel ungefähr oder kaum gleichlange) ⅓ tief eingeschnittene Kelch — ähnlich der P. viscosa.

30. **Primula Plantae** (*P. hirsuta* ✕ *ocenensis*) *Brgg.*

J.-B. XXIV, No. 106. Schaft 6—8 cm. hoch, etwa
doppelt so lang als Grundblätter, diese verkehrteiförmig-
keilig, vorne eingeschnitten-gezähnt, Zähne 9—15, Drüsen
des Blattrandes röthlich bis weisslich, Dolde 5—10-blüthig,
Blüthenstiele 2—3 mal so lang als die Hüllbl., Kronröhre
doppelt so lang als Kelch (10 mm. l.), Aussenseite unterwärts ziemlich kahl, Staubgef. der kurzgriffeligen Form
ungefähr in der Mitte (5 mm. über der Basis) eingefügt,
Kapsel so lang als Kelch (4—5 mm.) oder etwas kürzer.
— Findet sich unter den Stammarten an Felsabhängen
der V. Muranza am Umbrail (Wormserjoch), bei 2300 bis
2500 m. Höhe, in der Nähe der IV Cantoniera, im Juli
blühend. Da die *P. oenensis Thom. Schott.* (P. Pooliana
Brgg.) als eine Pflanze der grasbewachsenen Alptriften,
ähnlich der *P. integrifolia*, aber im Gegensatze zur *P.
hirsuta All.* (P. viscosa Vill.), nur ausnahmsweise, auf den
Terrassen am Fusse der Felsen oder auf den zwischen
denselben sich hinauf windenden Grasbändern, mit der
letzteren Art, einer wahren Felsen-Primel, zusammentrifft,
erklärt sich die Schwierigkeit der Kreuzung und die Seltenheit von Mischlingen hinlänglich. Dennoch scheinen solche
bereits ihren Weg in die Gärten gefunden zu haben, da
der Hartinger'sche „Atlas der Alpenflora" — dessen
Bilder weit besser sind als die Benennungen (Bestimmungen)
— auf Taf. 407 und 409 (offenbar nach Garten-Vorlagen)
Pflanzen darstellt, die weit eher den verschiedenen Formen
unserer *P. Plantae* gleichen, als der typischen *P. oenensis*
(welche Taf. 409 darstellen soll, die aber jedenfalls der
P. hirsuta weit näher steht) oder gar der *P. graveolens
Heg.* (P. viscosa All. non Vill., welche Tafel 407 vor-

stellen will, während sie jedenfalls der P. oenensis am
nächsten kommt), auf welche die Unterschriften lauten.

31. Verbascum subalpinum Brgg. (V. montanum ✕ Lychnitis, J.-B. XXIV, No. 114.)

Blätter einfach gekerbt,
etwas dicklich (an V. montan. mahnend), mittlere deutlich
(bis 7 mm. weit) einseitig herablaufend, länglich (12—14:
4 cm.), obere kleiner eiförmig-längl. (6:3 mm.) kaum
merklich herablaufend, alle oberseits lockerfilzig (gründurch-
schimmernd), unterseits dichter (gelblichgrau) wollig-filzig;
Stengel schwach kantig, bis 70 cm., Trauben 30—40
cm. lang, unterwärts unterbrochen, nach oben hin dichter,
am Grunde mit einem oder dem anderen (8 cm. l.) Ast,
Blüthen zu 4—10 gebüschelt, Krone gelb, 20 mm. breit,
Kelch und Blüthenstiele von gleicher Länge (7—8 mm.),
Narbe keulig, alle Staubfäden weisswollig, die längeren
(6 mm. l.) im oberen Drittel kahl, Antheren nierenförmig
nicht herablaufend. — Die ohne Zweifel hybride Zwischenform wächst vereinzelt unter den Stammarten bei Samaden
und Celerina, 1740—1770 m. ü. M., wo sie im Juli blüht
und (seit 1855) von mir und Krättli wiederholt (1883)
beobachtet und gesammelt wurde.

Das nächstverwandte *V. spurium Koch* (V. Thapso-
Lychnitis) unterscheidet sich von V. subalpinum: durch
graufilzige sämmtlich halbherablaufende Blätter, einen rispig-
ästigen Blüthenstand und ganz weisswollige Staubfäden.
Das ebenfalls nahe stehende *V. Reissekii Kern.* (V. phlo-
moid. ✕ Lychnitis) aber ist durch höhere Statur (b. 2 m.)
und den mehr ästigen Blüthenstand, durch lanzettl. sitzende
nicht herablaufende Blätter, kleinere Blumen (bloss 11—14

rom. br.) und die nur an der Basis wolligen längeren Filamente — von unserer Pflanze verschieden.

Das verwandte *V. Killiasii Brgg.* (V. montanum ✕
nigrum, J.-B. XXIV, No. 116, J.-B. XXV, p. 99) kann
schon wegen der z. Thl. rothwolligen Staubfäden nicht damit
verwechselt werden; dasselbe ist nun seither, wie mir Hr.
ųr. Herm. Christ (am 2./I 1884) berichtete, von ihm
auch im Kt. Wallis gefunden und als hybrid bestätigt worden.*)

---

*) Jos. Rhiner (Prodr. d. Waldst. Gefässpfl. 1870 p. 92) führt
V. montano-nigrum Brgg. auch vom Urnerboden (1861) auf. Derselbe
hatte diesen von mir zuerst im Unter-Engadin entdeckten (und schon
1854 im O. Rh. Msc. beschriebenen) Bastard 1859 aus meiner ihm
damals mitgetheilten „Liste der Bündner Pflanzen“ (wie er S. 17
und 42 d. „Tabell. Fl. d. Schweiz. Kant.“ Bullet. 1868 selber bezeugt)
kennen gelernt. Seine Pflanze habe ich nicht gesehen; di selbe weicht
aber — nach der von ihm l. c. im „Prodr.“ gegebenen kurzen Diagnose — von *V. Killiasii* ab: durch kurz herablaufende Blätter, oberwärts stielrunde Stengel und ganz weisswollige Staubfäden, steht
also dem V. montanum ungleich viel näher als jenes, so dass
die Hybridität und Verschiedenheit von V. mont. noch fraglich
erscheint (Rh. sagt nur: „die Blätter nähern sich nigrum, werden
abwärts immer grüner und grösser“); ich nenne diese Form daher
V. Rhineri. Was V. uriense Grml. (Exc. fl. 1881 p. 313) ist, kann
Niemand wissen, da es niemals beschrieben wurde; denn anno 1867
(p. 255) führt *Grml.* schon „V. montan.-nigr. Brügg.“ für die Schweiz
auf, lässt es inzwischen aber 1874 (p. 297) verschwinden, obwohl seither
die Rhiner'schen Publikationen erschienen waren, — um 1878 (pag.
286) wieder „V. mont.-nigr. (Urnerboden!)“ — ohne Angabe des
Finders oder Autors — als neu produziren und endlich 1881 (p. 313)
und gleichlautend 1885 (p. 317) mit „V. mont.-nigr. (uriense Grml.)“
das ebenso glänzende als gründliche Geschäft abschliessen zu können.
Unbekümmert um die inzwischen (1880–1882) erfolgten mehrfachen
Publikationen über *V. Killiasii* lässt er die orakelhafte Zweideutig-
keit noch immer fortbestehen, und vermeidet ängstlich jede Andeu-
tung darüber, ob z. B. bei „V. uriense“ die Blätter herablaufend
sind oder nicht, ob die Wolle der Staubf. weiss oder violett sei etc.
Vielleicht weiss er es selber nicht?

32. **Linaria alpina Mill.** var. **glacialis Brgg.** (in Heer, Nivale Flora d. Schwz. 1884 p. 62). Reduzirte Zwergform der höchsten Region, mit niederliegendem kaum 3 cm. langen Stengel, breiteren (verkehrteiförmig- bis lanzettl.-längl.) Blättern, arm- (2-) blüthigen Trauben und breiteren (längl.) stumpflichen Kelchzipfeln. Auf dem Granitkegel dez Piz-Ot (Engadin) fand ich sie in 3200 m. Höhe noch am 17. Sept. in voller Blüthe (in Gesellschaft von Ranunculus glacialis, Cerastium glaciale, Androsace glacialis, Eritrichium nanum, Saxifraga bryoides und exarata, Phyteuma paucifl., Gentiana bavarica var. imbric., Achillea nana, Chrysanthemum alpin. und noch 10 anderen Phanerogamen).

33. **Pedicularis pallescens Brgg.** (*P. incarnata* ✕ *tuberosa*, J.-B. XXIV, 102, No. 128). Auf den mageren (ungedüngten) Bergwiesen von Flix ob Sur (Oberhalbstein), bei 1950 — 2000 m. Höhe, fand ich am 2. Juli (1856) zum ersten Male zwischen den genannten Stammarten, die ringsum in Menge blühten, eine Zwischenform in wenigen Stücken, die in den vegetativen Organen der P. incarnata, in den Blüthentheilen aber der P. tuberosa näher standen und auf den ersten Blick für eine weissblüh. Varietät der ersteren genommen werden konnten. Eine genauere Prüfung und Vergleichung der lebenden Pflanze an Ort und Stelle überzeugte mich bald, dass es sich um eine Bastardform handle, ähnlich der P. atrorubens Schl. (incarnata ✕ recutita) und der *P. incarnata* ✕ *tuberosa Vulp.* („Flora“ 1854 No. 7), für welche sich nachfolgendes Signalement ergab: „Unterlippe gelblich-weiss mit einem leichten Stich in's Rosenrothe, Helm und Schnabel der Oberlippe gelblich-

weiss, Antheren (wie bei P. incarn.) gebräunt, die 2 längeren Staubfäden über der Mitte lang und dicht gebartet; Kelch grün röhrig-glockig, stärker behaart als bei P. tuberosa, Kelchzähne eingeschnitten (an den untern Bth.) oder ganzrandig (obere Bth.), etwas kürzer als die Kronröhre, Zipfel der Deckblätter eingeschnitten-gezähnt; Stengel aufrecht, oberwärts, sammt den Spitzen der Brakteen und der Basis der Blattstiele, purpurn überlaufen; Blätter und braunschuppige Stengelbasis (sog. Wurzelhals) ganz wie bei P. incarnata.'' Stengel 17 cm. hoch, Traube 4 cm., Grundblätter 6 cm., Krone 16 mm., Kelch 8 mm. lang.

Die Pflanze von *Vulpius* unterscheidet sich aber (nach Fischer-Ooster's Beschreibung l. c.) durch den röthlichen Helm, den „klebrig-haarigen" Ueberzug der Kelche sammt Spindel, Kelch- und Blattform der P. tuberosa, bedeutendere Grösse, (Stengel 1—5 Fuss, Blätter 3—4 Zoll lang) etc. Dieser Bastard wurde von Colani und Vulpius auch am Bernina (Heuthal), von Andeer am Albula („Verh. d. Schw. Nat. Ges.'' z. Samaden, 1863, p. 50), von anderen Botanikern ferner am grossen St. Bernhard und in Tirol gefunden.

Die *P. rostrata* X *tuberosa* (*Brgg.* J.-B. XXV, p. 61), welche ich früher nur aus getrockneten und unvollständigen Exemplaren (ohne Wurzeln) kannte, die mir meine Schüler vom Bernina und später (1883) H. Siegfried vom Gotthard (über Hospenthal gegen das Mätteli, 27/7.56) vorgelegt hatten, ist seither vom Spezialisten d. G., Hrn. H. Steininger, nach vollständigerem Material als hybrid bestätiget und *P. Siegfriedi* benannt worden.

34. **Melampyrum alpestre Brgg.** (Fl. Cur. 80). Stengel 10—20 cm. hoch, einfach oder armästig, Blätter lineal-

lanzettl., höchstens 6 cm. breit, Deckblatt alle ganzrandig
oder (seltener) die oberen einer- bis beiderseits 1—2zähnig,
Kelchzipfel so lang oder etwas länger als die Röhre, halb
so lang als die Krone, diese gelblichweiss, Oberlippe weiss
mit röthlichem Anhauch, Unterlippe gelblich, Staubbeutel
zuerst weiss, dann rothbraun oder braun, Griffel nicht vorragend, Blüthen (10—12 mm. lang) horizontal abstehend,
Früchte nickend. Stimmt im Uebrigen mit dem typischen
M. pratense (L.) Kern. des Tieflandes überein und vertritt
dasselbe in der subalpinen und alpinen Region (1500 bis
2200 m.) im Innern des Kantons auf Schiefer und krystallinischer Gebirgsart. So im Engadin von Scharl bis Maloja,
Davos, Silvretta, Lenzerhaide, Churwalden, Rheinwald, Tavetsch etc. häufig zwischen Legföhren (Pinus Pumilio Hr.)
und in Gesellschaft von M. sylvaticum L.

35. **Orobanche rhætica** Brgg. (O. Rh. msc. 1854, Fl.
Cur. 80). Kelch 2blättrig, Blättchen nicht verwachsen, ganzrandig, 1--3nervig, gekielt, aus eiförmiger Basis lanzettl.
pfriemlich verschmälert, ungefähr halb so lang als Kronröhre;
Krone röhrig-glockig, oben vorwärts gekrümmt, auf der Mitte
des Rückens ziemlich gerade; Lippen ausgebissen-gezähnelt,
Zähne spitz, ungleich, drüsig gewimpert; Oberlippe haarig-
rauh von zerstreuten violetten Drüsenhaaren, die auf schwärzlichen Knötchen stehen, inwendig (sowie Unterlippe und Röhre
beiderseits) glatt und fast völlig kahl, tief 2lappig, Lappen
abgerundet ausgebreitet zuletzt ein wenig zurückgebogen;
Lappen der Unterlippe ungleich, der mittlere fast 2 Mal
gösser; Staubgefässe ganz nahe (1—2 mm.) über der Basis
der Kr. eingefügt, Filamente ganz kahl oder an der An-
heftungsstelle spärlich flaumhaarig, an der Spitze bogig zu-

sammenneigend, Antheren kahl, violett, zuletzt braun; Fruchtknoten länglich lanzett (gelb) sammt dem (weissen) Griffel
kahl, nur das gebogene (röthliche) obere Ende des letzteren
drüsig; Narbe röthlich-schwarzbraun, 2lappig, Lappen spreizend, halbkugelig, sammtig-warzig. Stengel schlank, 7 — 20
cm. hoch, bräunlich-fleischfarben in's Violette; Aehre kurz
(2 — 5 cm.) dichtblüthig schopfig, Deckblätter etwa so lang
als Krone, letztere (12 — 15 mm. lang, 4 — 6 mm. breit)
gelblichweiss mit einem Stich in's Hellbraune und Fleisch-
rothe, Rücken und Oberlippe erscheinen violett-purpurn, von
dunkleren anastomosirenden Adern durchzogen und (wegen
der oben beschriebenen drüsigen Bekleidung) schwärzlich-
violett punktirt; Kelch und Deckblätter satt bräunlich-violett.
Auf den Wurzeln von Carduus defloratus und Carlina acaulis
schmarotzend in Churwalden (1250 — 1350 m., im letzten
Drittel des Juli blühend), wo ich diese interessante die *O.*
Scabiosæ K. einerseits mit *O. Epithymum DC.* anderseits
mit *O. pallidiflora Wim.* verbindende Zwischenform schon
seit 1852 kenne und an denselben Stellen fast alljährlich
beobachtet habe. Obige Beschreibung ist nach zahlreichen
lebenden Exemplaren schon 1854 entworfen und an Ort
und Stelle seither oftmals mit der Natur verglichen worden.
Dabei ergab sich im Ganzen eine, vielleicht unerwartete,
grosse Beständigkeit der Merkmale, wie man sie bei manchen
vornehmern Gattungen, wie Rosa, Rubus, Hieracium u. a. m.,
kaum finden dürfte. Doch notirte ich nachfolgende seltene
Abänderungen. a) Kelchlänge varirt bis gleich der Kronröhre; b) Kronröhre varirt mit leichter Biegung des Rückens;
c) Oberlippe varirt mit ein wenig aufwärts gebogener Spitze;
d) bei *var. pallens m.* ist die Färbung der Pflanze blässer,

alle Axen- und Blüthentheile weisslichgelb, nur Oberlippe mit spärlichen feinen Adern und sehr zerstreuten Knötchen von blassvioletter Farbe, N a r b e dunkel purpurbraun oder (nur an einem Exemplar) sämmtlich g e l b und seichter gelappt (varirt auch 3lappig); e) endlich var. *glabrescens m.* Krone aus- u. inwendig sammt S t a u b g e f ä s s e n u. S t e m p e l völlig k a h l, nur Ober- und Unterlippe auswendig mit wenigen violetten (später ockergelben) haartragenden Knötchen sparsam bestreut, Rücken sanft gebogen, Lappen der Oberlippe an der Spitze herabgebogen, Staubgefässe tiefer (1 mm. über der Basis) eingefügt.

O. rhœtica ist mir ferner vom Bizokelberg bei Chur, aus Arosa (Welschtobel), Davos (Züge), Bergün, Oberhalbstein und Ober-Engadin, von 1200—1900 m., z. Z. bekannt geworden.

36. **Cuscuta alpicola Brgg.** (O. Rh. p. 72 Z. 8). Der fadenförmige, ziemlich einfache oder armästige Stengel orange- bis purpurroth, Knäuel armblüthig, an der Basis mit sterilen Blüthen, letztere sämmtlich sitzend, Kronröhre krugförmig bis glockig, weisslich oder röthlich, der 5lappige Saum so lang als Röhre und Kelch, flach ausgebreitet, Lappen ei- förmig bis länglich, kurz zugespitzt, bespitzt oder spitzlich; Kelch weit becherförmig 5spaltig, rosen- bis purpurroth, Lappen etwas fleischig, fast gekielt, eiförmig spitzlich; Schlundschuppen zusammenneigend, den Eingang fast ver- schliessend, breit verkehrt-eiförmig, fransig getheilt; Staub- gefässe im Schlund (an den Commissuren der Saumlappen beim Uebergang zur Röhre) eingefügt, Filamente und An- theren gleich lang; 2 fadenförmige Griffel länger als Frucht- knoten, spreizend. Varirt mit 4zähligen Blüthentheilen. „Eine

Alpenform der *C. Epithymum DC.* mit doppelt so grossen, weitglockigen, in kleinere Knäuel vereinigten Blüthen und mehr oder weniger zusammengeneigten, daher den Schlund nur theilweise oder ganz verschliessenden Schuppen, welche der *C. planiflora Ten.* (einer südeuropäischen, in der Schweiz noch nicht nachgewiesenen Art, nach einigen blosse Abart der vorigen) sehr nahe kommt" — schrieb ich vor 30 Jahren (O. Rh. msc.) — „findet sich im Ober-Engadin bei Samaden, Silvaplana, Sils, Grävesalvas (1700—2300 m.)"; — später sah ich sie auch bei Bevers, Celerina, im Camogasker-Thal, Bergell, Oberhalbstein (Flix), Oberland (Robi A., Chiamut), Calanca-Thal etc. in der Höhe von 1600—2100 m., auf den verschiedensten Pflanzen, wie : Thymus Serpyll. angustifol. und var. alp. Teucrium montan. und T. Chamædrys, Veronica saxatilis und V. fruticulosa, Rhinanthus hirsut., Dracocephalum Ruysch., Phyteuma Scheuchz., Vaccinium Myrtillus, Achillea moschata, Senecio abrotanifol., Chrysanthemum atratum, Helianthemum grandiflor., Cerastium strictum, Alsine laricifol., Laserpitium Halleri, Chaerophyllum Villarsii, Lotus corniculat. Blüht vom Juli bis Ende September.

37. Cuscuta Sarothamni m. Stengel fadenförmig, lang, ästig, blassröthlich bis bräunlich, Blüthenknäuel erbsengross, weisslich in's röthliche spielend; Kelch glockig 5spaltig, ein Drittel kürzer als die Kronröhre, Lappen eiförmig stumpflich ; Krone röhrig-glockig, der 5lappige Saum fast so lang als die Röhre, flach-concav, Zipfel eiförmig zugespitzt, Schlund-schuppen zusammenmigend den Schlund (bis zum Pistill) völlig verschliessend, länglich-eiförmig bis elliptisch, ziemlich lang-fransig, Fransen auf der Spitze mit einem kugeligen Knöpf-chen (Drüse?) versehen; Staubgefässe im Schlunde, d. h.

genau in der Mitte der Krone zwischen Röhre und Saum,
in den Einschnitten zwischen den Saumlappen eingefügt;
tief unter jedem der 5 Staubgefässe ist je eine der beschriebenen
Schuppen eingefügt; die 2 Griffel spreizend, doppelt so lang
als das ovarium, etwas länger als die Schuppen und kürzer
oder etwas länger als die (beim Verstäuben zusammengeneigten) Staubgefässe. Bei den meisten Blüthen sieht man
schon von freiem Auge die 2 spreizenden purpurrothen Narben
zwischen den goldgelben Antheren etwas hervorragen. Diese
weitere, wie ich glaube, neue Form aus dem Formenkreise
der *C. Epithymum DC.* wächst massenhaft auf dem Besen-
ginster (Sarothamnus vulgaris) in den transalpinen Thälern
Misox und Calanca, wo ich sie um Castaneda, St. Maria und
Arvigo, ganze Sträucher und Gebüsche über- und umspinnend,
Mitte August blühen sah.

38. **Campanula barbata** L. var. **frigida** m. Stengel
5—10 cm. hoch, 1—2blüthig, Blüthen nickend, Krone fast
5spaltig, 4 Mal länger als Kelch, grösser und dünkler (fast
azurblau) als beim Typus, Kronzipfel fast kahl und die ganze
Bekleidung weniger rauhhaarig, Kelchanhängsel länger als die
Kelchröhre (Narbe 3spaltig, Kapsel 3fächerig). Die von der
Basis der Kronröhre bis zur Spitze der Zipfel gehenden
5 Hauptnerven (Näthe) treten besonders deutlich hervor, sind
etwas vorragend, ja bisweilen sogar (nach aussen oder innen)
schmal geflügelt; ferner ist die oberweibige Scheibe inner-
halb des gelblichweissen Ringes kegelförmig rings um die
Gipfelbasis erhöht und blau gefärbt (wie die Krone) — nicht
flach und einfarbig, wie bei anderen Arten (z. B. C. rapunculoid.).
Diese auffallende Form fand ich in grosser Menge auf steinigen
Triften (um Fontauna fraida) am Fusse des Granitkegels

Piz Ot bei Samaden in der Meereshöhe von 2700—2850 Meter noch Mitte September blühend (= *C. frigida Brgg. in.*). Es ist höchst wahrscheinlich diese hübsche Hochalpenform, welche von älteren Sammlern (Schleicher) und Floristen (Gaud. Fl. helv. II, 166; Rchb. exc. 304, Wegel. Enum. 26, Mor. Pfl. Graub. 93) mit *C. alpina L.* der Ostalpen — die uns fehlt — verwechselt wurde und namentlich zu den Angaben vom Vorkommen der letzteren „in den rhätischen Alpen" Veranlassung gegeben hat; spezielle Fundorte werden freilich keine genannt, mit einziger Ausnahme Wegelins (1837), welcher dazu bemerkt: „cl *O. Heer**) formas huc pertinentes in valle·Bevers legit." V. Bever liegt aber unmittelbar am Piz Ot mit dem Standorte meiner C. frigida und ist überdiess seit mehr als einem halben Jahrhundert so eifrig und vielfach botanisch untersucht worden, dass eine dort wachsende wirkliche C. alpina unmöglich hätte übersehen werden können. Ich habe weder aus Graubünden, noch aus den Schweizer-Alpen überhaupt, jemals eine wahre C. alpina zu Gesicht bekommen. Gaudin hatte sie, wie er selbst sagt (l. c. obs.), nach Exemplaren aus den österreichischen Alpen beschrieben; derselbe gesteht auch, von *C. Allioni Vill.* (l. c. p. 165 obs.), so wenig als von *C. alpina L.*, je schweizerische Exemplare gesehen zu haben und warnt bei ersterer ausdrücklich vor einer Verwechslung mit seiner *C. barbata* γ) *pusilla*, welche er selbst auf dem Umbrail

---

*) In dem mir genau bekannten *Herbarium Heer's* (H. H.) findet sich keine C. alpina aus Graubünden oder der Schweiz vor; die mir vorliegenden Pflanzenverzeichnisse, welche Heer bei seinem Besuche des Ober-Engadins in den Sommerferien der Jahre 1834 und 1835 aufgenommen hat, erwähnen auch nirgends der C. alpina, wohl aber in der subnivalen Region (über 2300 m.) einer am östlichen Abhang des Beverser-Thales auf Waiden wachsenden „*C. barbata var.*", welche wohl zweifellos meine *frigida* gewesen sein dürfte.

fand, was indessen ihr Vorkommen in den Walliser Alpen, wo alle älteren Autoren von Haller bis auf Hegetschweiler die *C. Allionii* (*C. barbata var. uniflora Hall.-Clairv.*) angeben, keineswegs ausschliesst. Ich vermuthe daher, es möchte obige Varietät Gaudins, sowie die *C. barbata b) uniflora* Rion (welche im „guide du botaniste en Valais" p. 139 von Zermatt, den Bergen um Sion etc. aufgeführt, aber nicht beschrieben wird) vielleicht zu meiner *C. frigida* gehören, welche demnach früher im Westen ebenso mit *C. Allionii*, wie im Osten mit *C. alpina*, verwechselt worden wäre.

39. **Campanula ursaria** m. (*C. Scheuchzeri* ✕ *rhomboid. Brgg.* ı. sched. H. II. 1861, Rhin. Tab. Fl., Bullet. 1868 p. 43; J.-B. XXIV p. 104; Grml. Beitr. 1870 p. 83, Exc. Fl. 1874 p. 279; Focke Pfl. Mischl. 1881 p. 226; Schröter in Bot. C. Bl. XXIII, 1885 p. 261). In den Wiesen zwischen Andermatt (1443 m.) in Ursern und dem „Urnerloch" — bei der alten S. Columban-Kirche — wo die Stammarten in Menge durcheinander wachsen, fand ich zuerst Anf. Juli 1861, dann wiederum 1863 — und erst neuerlich Herr Prof. C. Schröter wiederholt — hybride Zwischenformen, verschieden von der daneben stehenden (kahlen) *C. Scheuchzeri v. glabra K.*: durch die stärkere Behaarung aller Theile (einschliesslich der Blüthen, welche selbst bei der behaarten Form *C. Scheuchz. v. hirta K.* = C. valdensis All. ganz kahl sind!), die zahlreicheren, breiteren und kürzeren, deutlich gesägten, zärteren (getrocknet mehr durchscheinenden, vielnervigen) Blätter, und die kleineren (kaum über 20 mm. l.) helleren Blüthen mit relativ weiterem (bis 28 mm. br.) Kronsaume und

4

gewimperten Lappen, — von der *C. rhomboidalis* aber: durch kürzere (20—35 cm. l.) 1-armblüthige Stengel, derbere weniger behaarte, schmälere und längere, entfernter und schwächer gesägte Blätter und grössere dunklere Blüthen mit breiteren (lanzettlinealen) aufrechten Kelchzipfeln. Es lassen sich daselbst zwei Hauptformen des Bastardes unterscheiden: *a)* eine kleinere 1- und grossblüthige breitblättrige stärker behaarte Form (*C. Gisleri m.*), 20—25 cm. hoch, untere Blätter eiförmig-länglich, mittlere längl., obere längl.-lanzett bis lineal-lanzett, Krone 23 mm. l. (fast kahl), Kelchzipfel 13—16 mm. l.; *b)* eine grössere mehr- (2—5-) und klein-blüthige schmalblättrige weniger behaarte Form (*C. Schröteri m.*), 30—35 cm. hoch, Blätter (unten) lanzettl. bis (oben) lanzettlineal, Krone 16—18 mm. l., 20 mm. br. (aussen über und über behaart); in den Blüthentheilen gleicht also letztere mehr der C. rhomboid., im Uebrigen aber mehr der *C. Scheuchz.* (oder C. rotundifolia, die aber dort nicht mehr vorkommt), während umgekehrt die *C. Gisleri* mehr einer Zwergform der *C. rhomboid.* (aber mit grösseren kahlen Blüthen, fast wie die der C. Scheuchzeri) gleicht. Im Kanton Graubünden, wo C. rhomboid. — mit Ausnahme der A. Rosein (1790 m.) am Tödi — sonst gänzlich fehlt, konnten diese Zwischenformen noch nicht aufgefunden werden.

40. **Lonicera helvetica m.** (*L. nigra* ⨯ *Xylosteum?*). Im Chüsirainwald ob Sempach, wo auch *L. nigra* und *L. Xylosteum* vorkommen, wächst eine merkwürdige vielleicht hybride Zwischenform, von welcher durch Herrn H. Fischer den 18./V 1882 gesammelte Blüthenzweige (unter dem Namen „L. Xylosteum-nigra") mir schon vor zwei

Jahren durch Hrn. H. Siegfried zur Ansicht und Beurtheilung eingesandt worden sind. Eine sofort vorgenommene
eingehende Untersuchung und Vergleichung überzeugte mich
bald, dass es sich hier wirklich um eine neue Form handle,
die in der That so in die Merkmale der beiden (sonst so
scharf getrennten) Arten sich theilt, ohne dagegen eigenthümliche aufzuweisen, wie dies für Bastardformen so
bezeichnend zu sein pflegt. Leider fehlten die Früchte, um
das Bild zu vervollständigen und die Hybriditätsfrage zu
entscheiden; in der Hoffnung, solche später zu bekommen
oder vielleicht noch einmal an Ort und Stelle genaue Nachforschungen anstellen zu können, verschob ich die Publikation. Da aber nunmehr durch Hrn. Lüscher (im Verz.
der Gefässpfl. v. Zoflng. p. 115) unter den interessantesten
Pflanzen der Umgebungen von Sempach auch dieser (als
fraglich hingestellte) Bastard aufgezählt, aber nicht beschrieben
worden ist, will ich damit nicht länger zurückhalten.

L. helvetica (wie ich diese Zwischenform nenne) hält
in der Form und Bekleidung der Blätter, Farbe und Grösse
der Blumen genau die Mitte zwischen den beiden verwandten
Arten; nähert sich aber mehr der *L. Xylosteum* in der
Länge der Blatt- und Blüthenstiele, im Ueberzug der
ersteren, sowie durch die 2 längeren Bracteen; dagegen nähert
sie sich entschieden mehr *L. nigra* durch die 4 kürzeren
Bracteen, die schwachflaumige Krone und durch die Kahlheit der schlanken Zweige, Blüthenstiele, Kelche und Be-
fruchtungsorgane. Ihre Blätter sind verkehrteiförmig- oder
elliptisch-länglich, 1½ bis 2 mal so lang als breit (4—9
cm. l., 2—5 cm. br.), spitzlich und in den (4—8 mm.
langen, schwach flaumigen) Blattstiel zusammengezogen,

oberseits zerstreut flaumhaarig, unterseits — ausser den Hauptnerven — fast kahl, am Rande gewimpert, Zweige schlank sammt den (15—18 mm. l.) Blüthenstielen völlig kahl, letztere doppelt so lang als Krone, Kelche (2 mm. l.) dunkelgrün, kahl mit gewimperten länglichen Zipfeln, von 2 längeren linealen und 4 kürzeren eiförmigen abstehenden gewimperten Brakteen gestützt (diese etwa von der Länge des Fruchtknotens oder kürzer), Blumenkrone röthlich-weisslich, 7—10 mm. lang, aussen schwach flaumig und an der Basis etwas höckerig, Staubfäden völlig kahl; Griffel fast kahl.

41. **Adenostyles albifrons Rchb. var. florida m.** *(A. floribunda Brgg. in.)* Körbchen 4—8-blüthig in dichteren Ebensträussen, Pflanze von kleinerem Wuchse und von lebhafterer Purpurfarbe der Blüthen als die Normalform, die purpurnen Hüllen kahl, die Köpfchenstiele sowie die Unterseite der Blätter grün oder schwach graulichgrün, dichter oder lockerer kurz-flaumhaarig. Diese augenfällige Form eröffnet die Reihe der zahlreichen Uebergangsformen von *A. albifrons* (und A. alpina) durch *A. intermedia* und A. hybrida zu A. leucophylla; sie wächst allein, aber schaarenweise, auf altem oder neuem Moränen-Terrain in der Region von 2200—2600 m. auf krystallin. Gestein (Tambo-Alp, Albula, Bernina-Arles etc.) und blüht in der zweiten Hälfte August.

42. **Adenostyles intermedia Hegetschw.*)** (Flora der Schweiz p. 812 excl. synon., erweit.; *A. hybrida Aut. p.)*

---

*) Hieher ziehe ich das eine Exemplar der *Cacalia tomentosa* (Vill.) *Schleich. exsicc.* im Herb. Heg. (H. H.), während das andere mit demselben Namen versehene entschieden zu *Adenostyles leucophylla* gehört.

Körbchen (6) 8—12-blüthig, Hüllen flaumhaarig bis fast kahl (mit breiten stumpfen Schuppen), Köpfchenstiele und Blattunterseite graulichweiss-filzig bis spinnengewebeartig-flockig, Ebensträusse gedrängt, Blätter oberseits ziemlich kahl und ähnlich der A. hybrida, aber meist grösser und Blattstiele mit deutlichen Oehrchen, Statur und Wuchs bald mehr der Form *florida*, bald mehr der *hybrida* ähnlich, zwischen denen *intermedia* den Uebergang bildet. Sie blüht schon Anf. August und wächst, wie jene, allein, aber trupp-weise, in modernem Moränen- oder Felsschutt krystallin. Gebirge in der Region von 2500—2800 m. (Laschadura, Crastamora, Parpaner-Rothhorn, Avers: Fopperhorn etc.), wohin *A. albifrons* (oder auch *A.* alpina) kaum mehr emporsteigt und in Gegenden, wo *A. leucophylla* dermalen meistens fehlt oder höchstens durch *A. hybrida* vertreten erscheint. Von der Möglichkeit einer Kreuzung und von dem übrigens naheliegenden Gedanken an einen hybriden Ursprung der Zwischenformen *florida*, *intermedia* und *hybrida*, wenigstens in gegenwärtiger Zeit und an den genannten Lokalitäten, muss daher durchaus abstrahirt werden.

43. A. leucophylla Rchb. (nebst β hybrida Vill. Gaud., welche nur durch oberseits ziemlich oder völlig kahle Blätter verschieden ist) unterscheidet sich von der *A. intermedia*: durch (12) 13—22-blüthige Körbchen, durch den weiss-filzigen Ueberzug der breitschuppigen Hüllen und der Köpf-chen-Stiele, sowie des Stengels, der (öhrchenlosen) Blattstiele und unteren Blattflächen, durch gedrungenen Wuchs, niedri-gere Statur, kleinere Blätter mit gleichmässiger Bezahnung u. s. w. Sie wächst übrigens an gleichen Standorten in

der Höhe von 2700—3000 m. ebenfalls nur auf krystallin. Gebirgsart (Bernina, Julier, Albula, Septimer, Al-
bigna, Bondasca, Avers, Misox-Calanca etc.), in Graubünden
vorherrschend die *hybrida*, die vielleicht nichts anderes als
die jugendliche (nach Vill.) oder besser genährte (nach
Rchb.) Form *) der *leucophylla Rchb.* (A. candidissima Cass.),
jedenfalls aber kein Bastard ist, da sie nicht nur fast
immer allein, sondern auch in Gegenden wächst, wo von
den vorausgesetzten Stammarten die eine (A. albif.) immer,
die andere (A. leucoph.) aber bei uns meistens gänzlich
fehlt.**)

---

*) *Villars* charakterisirt seine *C. tomeut. var. hybrida:* „flor. race-
mos., calycib. 15 floris, fol. angulos., junioribus glabris“ (Pers.
syn. II, 397). *Reichenbach* (fl. excurs. p. 278) bemerkt über die
Blätter seiner *A. leucophylla:* folia suprema in pinguioribus
basi auriculata, cultae supra virescunt.“

**) Hr. F. Käser spricht in seiner Arbeit über die Flora von
Avers (im Jahrb. des S. A. C. XX, S. 375) von „Formen von A.
hybrida, die auf Bastarde mit A. albifrons schliessen lassen.“ Ich
konnte jedoch in der mir zur Beurtheilung eingesandten Form, welche
Käser bei 2700 m. „im Thäli“ (d. h. in jener Gegend, wo von mir
selbst einige Jahre früher A. intermedia gefunden worden war) gesammelt und als vermuthlichen Bastard *A. hybrida* X *alpina* etikettirt
hatte, nichts anderes als eine gewöhnliche *A. leucoph. var. hybrida*
mit oberseits kahlen Blättern (aber 12—18-blüthigen Körbchen), nicht
einmal eine A. intermedia, erkennen; auch erhebt sich A. alpina
gewiss nirgends in Graubünden bis zu solchen Höhen. Von den
500 Phanerogamen der Käser'schen Liste waren übrigens nahezu die
Hälfte schon durch frühere Publikationen älterer Botaniker (wie
Gaudin's, Moritzi's, Heer's — letzerer zählt 1883 in seiner Nival-Flora
schon 153 Arten — und des Ref.) für Avers nachgewiesen, während
dagegen von den 700 mir (bis 1885) bekannt gewordenen Averser-
Gefässpflanzen bei Käser ca. 200 fehlen. Schlimmer als dies sind
einige offenbar falsche Angaben, welche auf irrthümlichen Bestimmungen und Verwechslungen beruhen dürften, wie z. B. Arabis saxatilis, Hypericum montanum (wohl für H. quadrang.), Peucedanum

44. **Adenostyles calcarea** m. Zwischenform mit der Blattform und Textur der *A. alpina*, aber Bekleidung und Wuchs wie *A. hybrida* oder *intermedia*, die sie auf Kalksteinschutt in der Höhe von 2200—2400 m. (im Hintergrunde des Welschtobels bei Arosa) vertritt. Sie kann jedoch kein Bastard sein, da sie allein steht und *A.* hybrida oder intermedia auch niemals (wohl aber die alpina) auf Kalk vorkommen. Stengel einfach, stielrund, gestreift, etwas hin- und her gebogen, 30 cm. hoch, arm- (4—5) und entfernt-blättrig, nebst den langen ungeöhrten Blattstielen und Hauptnerven (unterseits) dunkel purpurn und, sowie die blassgrüne Unterseite der Blätter, von lockerem weisslichen Filzüberzug graulich; Köpfchenstiele und Verästelungen des zusammengedrängten Ebenstrausses dicht weissfilzig, Hüllen dunkel purpurn flaumig, Schuppen spitzlich, Körbchen 4—8-blüthig, Blüthen blässer (roth) und kleiner (7—8 mm. l.) als die der vorhergehenden Formen (deren Länge bei A. florib. und intermed. auf 12 mm., bei A. hybr. und leucoph. auf 14 mm. steigt); Blätter kleiner, stumpfer und derber, fast lederig-steiflich, sehr gleichmässig geschweift-gezähnt oder entfernt-seicht-gezähnelt, untere nierenförmig (3—7 : 5—9 cm.), obere dreieckig-nierenförmig bis rundlich-herzförmig (3—5,5 : 3—7,5 cm.), etwas dichter und tiefer gezähnt. Blüthezeit: zweite Hälfte Juli.

45. **Petasites alpestris** Brgg. *(P. niveus* χ *officinalis,* Fl. Cur. 65, J.-B. XXIV, 104 No. 162). Unter den Tausenden von Exemplaren der beiden Stammarten, welche

Oreoselinum, Sambucus Ebulus (wohl für S. racemosa), Luzula pilosa (wohl für L. flavesc.), auch Primula Auricula u. a. m., deren Vorkommen in Avers ich stark bezweifeln muss. (Brgg.)

im „Grund" des Kinzer- oder Wängi-Alpthales (1260 m.) — zwischen Muotta- und Schächen-Thal — durcheinander wachsen, fielen mir zuerst (1867) einzelne Zwischenformen auf, welche an Colorit und Blattform schon von Weitem als solche zu erkennen waren; bald nachher (1868) fand ich solche unter gleichen Verhältnissen bei Parpan (1510 m.) im Churwalder Thale, und später (1878) auch unterhalb Sufers (1300 m.) im Rheinwald. Bei Parpan habe sie seither fast alljährlich beobachtet; sie entfaltet dort erst in der zweiten Hälfte Juni, gleichzeitig mit *P. niveus*, die Blüthen und zugleich Blätter, nachdem *P. officinalis* längst verblüht hat; sonst gleicht der Bastard in den Blüthen entschieden mehr der letzteren, in den Blättern aber mehr der ersteren Art, ist aber von beiden jederzeit, auch im sterilen Zustande, leicht zu unterscheiden. Von *P. niveus* unterscheidet er sich: durch die einwärts gekrümmten und verbreiterten, zu beiden Seiten des tiefen Herzausschnittes sich nähernden Grund-Lappen, den mehr ins Graue ziehenden dünnern Filz und den grösseren Umfang der (älteren) Blätter, die oft röthliche Färbung der Hauptnerven und der (oberseits) rinnenförmig vertieften Blattstiele, die längeren (14—18-köpfigen) schwächer-filzigen Blüthenschäfte und schmäleren Schuppen. Von *P. officinalis* aber unterscheidet sich *P. alpestris*: durch die mit der Blüthe gleichzeitigen Blätter mit fast dreieckig-herzförmiger spitzer Spreite von geringerem Umfange (8—23 cm. br.: 10—25 cm. lg.), mit dichterem (theilweise schneeweissem) Ueberzug und mit längeren an der dicklichen Spitze brandfleckigen Zähnen, ferner durch den dichteren Filz der Blüthenschäfte und der meist 1- (selten 2-) köpfigen Stiele, und ganz

besonders durch die viel längeren und schmäleren (längl.
bis lanzettl.) Narben des an der Spitze tief zweispaltigen
Griffels in den Zwitterblüthen.

46. **Petasites Lorezianus Brgg.** (*P. albus* × *niveus*,
Fl. Cur. 65, J.-B. XXIV, 104 No. 163). Dieser von
Hrn. Richter J. Lorez am Calanda bei Chur unter den
Stammarten aufgefundene und schon vor 14 Jahren in
seinen Garten in Masans (bei Chur) verpflanzte Bastard
blüht hier schon zu Anf. April, gleichzeitig mit *P. niveus*,
dem er in den Blättern mehr gleicht, während er in den
Blüthentheilen dem *P. albus* viel näher steht. Seine Blätter
sind auf der Unterseite durchaus schneeweis-filzig, aber herz-
förmig-rundlich bis -dreieckig (17——21 cm. im Durchmesser, gleich breit wie lang) mit etwas genäherten, an
den Seitennervenästen von Blattsubstanz umsäumten Grund-
Lappen, die weiss-filzigen Blattstiele halbstielrund (oberseits
platt, durchaus nicht rinnenförmig); die Blüthensträusse dicht
doldentraubig bis länglich (traubig) und über 30-köpfig,
Stiele 1—3-köpfig, sammt (15—20 cm. h.) Schaft weissfilzig, Körbchen kurz cylindrisch (2 mal so hoch als br.),
am Grunde etwas bauchig, Hüllblättchen lanzettl.-grün, an
der Spitze röthlich zugespitzt, von 3—5 schwachen bogigen
Nerven durchzogen, gliederhaarig-drüsig, Blüthen weiss, fast
geruchlos (bei P. niveus wohlriechend, Körbchen kugelig-
eiförm.), höchstens 4 „Honigblüthen‟ (Müll.) in der Mitte
der weibl. Köpfchen.

47. **Erigeron Schleicheri Moritzi (1832!)** *non Grml.
(1881) nec D. T. (1882)* = *E. hirsutus Mor.* Pfl. Grb.
1839 (non H. et H.) = *E. Villarsii Heg.* Fl. Schw. 1840
(non Bell.) = *E. Hegetschweileri Brgg.* 1862 (Berlepsch

„Schweiz" p. 109; J.-B. XI (1865), 209; Cat. H. Tur.
XIV, 3; Fl. Cur. 65). In seinen „Pflanzen der Schweiz,
ihrem wesentl. Charakter nach beschrieben und mit Angaben
über ihren Nutzen, Standort etc. versehen" (Chur, 1832,
bei S. Benedict), — dem ersten in deutscher Sprache ver-
fassten, volksthümlichen Werke über die Schweizer Flora,
hat Alexander Moritzi (S. 384) einen *E. Schleicheri
M.*, als mehrköpfige subspecies von E. alpinus (E. montanus Mor.) und behaarte drüsenlose Parallelform zum
drüsenhaarigen E. Villarsii Bell. (E. glandulosus Heg. p.)
aufgestellt, den er durch den fusshohen mehrblumigen Stengel
vom halb so grossen „meist zweiblumigen" E. alpinus und
durch die bleibenden Wurzelblätter von dem E. acris = E.
communis Mor. der Ebene (mit bald welkenden, abfälligen
Wurzelblättern) unterscheidet. Später in den „Pflanzen
Graubündens" (N. Verhandl. d. Schweiz. Nat. Gesellsch. III,
71) hat er dieselbe „fusshohe vielblumige und zottige (hirsutus) Form des E. alpinus" von Samaden (Engadin) und
der Jochalp (Churwalden) als *E. hirsutus H. et H.* aufgeführt, unter welcher Benennung sich seine Pflanze auch
in dessen Herbar. (im Bündn. Nat. Museum) noch vorfindet.
Nach Hoppe selbst („Flora" 1831, I, 201) und Koch
(„Flora" 1835, I, 260—265) ist jedoch der wahre E.
hirsutus H. et H. eine üppigere grossblumige Form des E.
acris, mit rispenartigem Stengel, mit kürzerem Strahl (von
gleicher Länge wie die Scheibe oder etwas länger) als E.
alpinus, die auf Aeckern in den Alpenthälern Kärnthens
wächst, während *E. Schleicheri Mor.* eine Charakterpflanze
steriler sonniger Halden, Triften und felsiger Abstürze in
den subalpinen Centralalpenthälern Graubündens, einen 3—7-

köpfigen ebensträussigen Stengel und noch grössere Köpfchen mit einem noch längeren abstehenden Strahl besitzt
als E. alpinus, zu dessen Formenreihe er gehört. Aber
Hoppe selbst scheint auch Bastarde zwischen Formen von
E. acris und E. alpinus für E. hirsutus genommen zu haben,
wie sich aus den folgenden Bemerkungen Koch's („Flora"
l. c.) schliessen lässt. „Ich will nicht läugnen, schreibt
Koch, dass diese Pflanze (*E. hirsutus Hop.* von Heiligen-
blut) von *E. acris* verschieden sein könne, aber an den
getrockneten Exemplaren fand ich keine Kennzeichen, um
beide Pflanzen deutlich zu unterscheiden. Bemerkenswerth
ist, dass von den vier überschickten Expemplaren das eine
einen weissen und drei einen röthlichen Pappus haben und
dass bei zweien der Strahl die Länge der Scheibe hat und
bei den zwei andern bemerklich länger ist." Solche Bastarde, wie sie schon Reichenbach vermuthet und mit
E. intermedius Schleich. (*Rchb.* fl. exc. No. 1541) identifizirt hat, sind nun von Dr. H. Christ, wie er mir schreibt,
a. 1884 wirklich in Zermatt gesammelt und als *E. alpinus
(intermedius)* $\times$ *acris* (ich nenne sie *E. Christii*) erkannt
worden, also in einer Gegend, wo ich selber 1861 (auf
den Hügeln westlich über dem Dorf Zermatt) den typischen
E. Hegetschweileri Brgg. in Menge beobachtet habe. Es
ergibt sich hieraus auch, dass E. (alpinus) *intermedius*
Christ mit meinem *E. Hegetschweileri* (= E. Schleicheri
Mor.) identisch ist, während *E. intermedius* Rchb. (E. acris
$\times$ alpinus?) und *E. intermedius* Trachs. (E. Schleicheri $\times$
Villarsii) zu den Bastarden desselben oder des E. alpinus
gehören, die Deutung des wahren *E. intermedius* Schleich.
(auf welchen sich der Name E. Schleicheri Moritzi bezieht,

der ihn demnach ganz wie Christ aufgefasst hatte) aber wohl für immer zweifelhaft bleiben wird.*) Jedenfalls aber dürfte sich die fernere Verwendung des Namens intermedius in dieser formen- und hybridenreichen Gattung kaum empfehlen. Was endlich den *E. Schleicheri Grml.* u. *v. D. Torre's* (E. rupestris Schleich. non Hop. nec Bl. Fing.) betrifft, so gehört derselbe zu der Formenreihe des drüsenhaarigen *E. Villarsii Bell.* und unterscheidet sich demnach durch die (drüsige) Bekleidung, sowie ferner durch den weissen Strahl und geringere Grösse (bloss 10—18 cm. hoch) so sehr von E. Schleicheri Mor. (mit bis 50 cm. hohem Stengel, röthlichem Strahl und rauhhaarig-zottiger, drüsenloser Bekleidung), dass von einer Identität nicht weiter die Rede sein kann. Das um 50 Jahre jüngere Synonym muss aber dem älteren weichen, und ich schlage daher den neuen Namen *E. Gaudini* für E. rupestris Schl. non Aut. = E. Villarsii ? albus Gaud. (fl. helv. V, 270) vor.

E. Schleicheri Moritzi (= E. Hegetschweileri Brgg.) aber, den ich anfänglich bei oberflächlier Bekanntschaft auch nur für eine vielköpfige Varietät des E. alpinus (var. polycephalus Brgg. in Sendtner Veget. v. Südbayern 1854 pag. 612) genommen, später aber mit Hegetschweiler als eine besondere subspecies auffassen gelernt habe, vertritt

---

*) Von N y m a n (Consp. fl. europ. 389) wird neuerdings *E. intermedius Schleich.* zu E. acris, E. intermedius Trachs. zu E. Villarsii Bell., *E. hirsutus H. et H.* aber — ganz im Gegensatz zu K o c h und R e i c h e n b a c h (fl. exc. add. p. 851: videtur idem ac E. serotinus Weih.) — zu E. alpinus (als var. subalpina vegetior) gezogen, somit wohl mit *E. alpinus γ hirsutus Gaud.* (fl. helv. V, 226: „ad clivos collesque Vall. Realp *Schleich.*") identifizirt, den ich geneigt bin, mit E. Schleicheri Mor. = E. Hegetschweileri Brgg. = E. (alpinus) intermedius Chr. zu vereinigen (nebst var. ramosus Gaud.).

diesen Typus in der Region von 1500—2000 m. (über die er nur ausnahmsweise um 100—200 m. nach beiden Richtungen hinausgeht) auf sog. Urgebirge im ganzen Central-Alpenzug zwischen Ortler und Mt. Rosa, wo er mir z. Z. aus allen Bündnerthälern, vom Münsterthal und Samnaun bis Tavetsch, sodann aus Bormio, von der Furka (walliserseits) und Zermatt, aus eigener Anschauung bekannt geworden ist; in den nördlichen Kalkalpen kommt er nicht mehr vor und selbst in Churwalden hält er sich streng an das krystallin. Gestein der Rothhornkette (auf einem errat. Block von Rothhorngneis in der „Rüti" bei 1320 m. sein tiefster Standort). Sein massenhaftes Vorkommen an Lokalitäten, wo meistens E. acris und E. alpinus gänzlich fehlen, verbieten jeden Gedanken an einen etwaigen hybriden Ursprung dieser, offenbar durch klimatisch-geologische Faktoren bedingten, Zwischenform. Dafür besitzen die Kalkalpen in E. glabratus einen eigenthümlichen Vertreter, der gegen die Centralalpen hin mehr und mehr verschwindet. Dass im Gegensatze zu dem ausgesprochenen Continental-Klima der Centralalpen- oder Mittelzone der Alpenrand eine Art von See- oder Küsten-Klima besitze, habe ich schon früher ziffernmässig nachgewiesen.*) Dieser Gegensatz ist natürlich von grossem Einfluss auf die Vegetation und erklärt uns z. B. die seit Wahlenberg's (1813) Zeiten discutirte Thatsache, warum die Buche die Centralalpen, die Arve aber die Kalkalpen fliehen.

---

*) Vergleichende Untersuchungen über das Klima von Bormio in der Monographie „Die Thermen von Bormio in physikal.-chem., therapeut., klimat. und geschichtl. Beziehung" von Dr. C. Meyer-Ahrens und Chr. G. Brügger, Zürich, 1869. S. 99—109, insbesondere S. 108. Vgl. ferner J.-B. X, 2—3, und meine Abhandl. über das Klima von St. Moritz (1860).

Bekanntlich ist gerade die Ausbildung der Behaarung, bei *Erigeron* wie bei zahlreichen anderen Gewächsen, sehr von Standort und Klima abhängig; „Exemplare, die an recht sonnigen trockenen Lokalitäten wachsen, tragen, um eine Austrocknung ihrer Epidermis zu vermeiden, ein wohl entwickeltes Haarkleid, während an feuchten, schattigen Stellen eine intensivere Ausbildung des Haarschutzes überflüssig erscheint."*) Aehnliches ist in Bezug auf Farbe und Grösse der Blumen, schlankeren oder robusteren Habitus etc. bekannt. Gewiss werden solche Einflüsse des Bodens und Klimas, wenn sie durch viele Generationen hindurch wirksam sind, im Laufe von längeren Zeiträumen auch im Stande sein, besondere Formen zu züchten und aus einem E. alpinus einen E. Schleicheri zu machen.

E. Schleicheri Mor. unterscheidet sich nun von *E. alpinus* hauptsächlich durch die stärkere zottig-rauchhaarige Bekleidung aller grünen Blatt- und Axengebilde, die robusteren, 17—50 cm. (im Mittel 33 cm.) hohen, vielköpfigen, doldentraubigen Stengel (mit gewöhnlich 3—7, selten 2—10 Köpfchen), die grösseren, zottig-rauchhaarigen, kurz cylindrisch-halbkugeligen, an der Basis genabelten Körbchen (20—30 mm. br., breiter als hoch), mit etwas lockeren äusseren und angedrückten an der Spitze häufig purpurnen innern Hüllschuppen und rosenrothem (selten weisslichen), reichblüthigen, wagrecht abstehenden oder zurückgebogenem Strahl (fast doppelt so lang als die gelbe Scheibe). Zahlreiche innere röhrig-fädliche ♀ Blüthen (120—130 % der

---

*) Dr. B. Wartmann ⟩ „krit. Uebers. d. Gefässpflanz. d. Kant.
u. Th. Schlatter ⟨ St. Gallen u. Appenzell," 1884, II, 206.

Zungenbth.), Blüthenboden elliptisch-rundlich, Pappus zweimal
so lang als die behaarten Achänen (4 : 2 mm.), weisslich
dann röthlich bis ziegelroth. Blätter von zweierlei Gestalt:
Grund- und untere Stengelbl. verlängert, längl. lanzett bis
spatelig (mit aufgesetztem Spitzchen), in den langen Stiel
verschmälert und oft von halber Stengellänge, mittlere und
obere verkürzt, sitzend, längl.-lanzett bis eiförmig-länglich.
E. alpinus hat auch mehr kreiselförmige Körbchen, mehr
angedrückte Hüllschuppen, einen etwas längeren und lebhafter gefärbten Strahl.

48. **Erigeron glabrescens** m. *(E. acris var. glabr.*
Brgg. O. Rh. msc. 1854, Fl. Cur. 65; *E. angulosus*
var. pubescens Brgg. in.; *E. angulosus* χ *acris).* Zwischenformen theils mehr vom Aussehen eines *E. acris:* mit
schlankem aufrechtem, einfach doldentraubigem Stengel, an
der gerundeten Basis bauchigen, eiförmig-cylindrischen Körbchen, aber mit schmäleren, lang bewimperten, fast kahlen
oder mit spärlichen angedrückten Flaumhaaren bekleideten
Blättern; theils mehr vom Aussehen eines *E. angulosus:*
mit niederliegendem oder aufsteigendem, von unten herauf
ästigem Stengel, und mehr cylindrischen Körbchen (doppelt
so hoch als breit), mit gefärbten mehr angedrückten Schuppen
und rosenröthlichen die Scheibe ziemlich überragenden (aufrechten) Strahl, aber oberseits oder beiderseits deutlicher
flaumhaarigen Blättern. Der typische E. angulosus unterscheidet sich in lebendem Zustande von diesen Zwischenformen: nicht nur durch die spärlichere Behaarung aller
Theile, besonders der Blätter (mit völlig kahlen Flächen),
sondern namentlich auch durch die auffallende Rigidität der
Stengel und (fast lederartigen) Blätter, in Folge dessen die

gesammelten Pflanzen in einer gewöhnlichen Botanisirbüchse
sich viel länger, ja mehrere Tage lang vollkommen frisch
erhalten, während E. glabresc. oder E. acris bei gleicher
Behandlung längst welk geworden sind. Der ächte E. acris
ist schon wegen seiner abstehend rauhhaarigen bis fast
zottigen Bekleidung mit E. glabresc. nicht zu verwechseln
(seine Körbchen sind an der Basis mehr bauchig und
niedriger, etwa 1½ mal so hoch als breit, die von E.
angulos. dagegen an der Basis gestutzt, länglich-walzlich,
2 mal so hoch als breit). Diese Zwischenformen sind in
tieferen Gegenden, wo E. acris und angulos. vorkommen
und neben oder untereinander wachsen, nicht eben selten;
sie mögen denn auch manchen wackeren Floristen des Tieflandes verleitet haben, den E. angulos. als blosse var. mit
E. acris zu vereinigen, trotz des Widerspruchs von Autoritäten ersten Ranges, wie Gaudin und W. D. J. Koch,
welche mit feinem Takt und scharfem Blick diese Formen
getrennt haben. In unseren höheren Alpenthälern (wie
Ober-Engadin, Avers, Davos, Rheinwald etc., also in Höhen
über 1600 m.), wo E. acris entweder ganz fehlt oder nur
selten und vorübergehend erscheint, kommen diese Zwischenformen nicht vor und es macht hier E. angulos. (der bis
über 2000 m. steigt) entschieden den Eindruck einer „guten
Art". Wenigstens zeigt er hier keine Andeutungen von Uebergängen zu E. acris — freilich nur um durch noch viel
auffallendere, aber allerdings selten vorkommende, scheinbare
Uebergangs- oder Zwischenformen zu E. Schleicheri, E. Villarsii, E. alpinus, E. glabratus etc. hinüber zu schwanken.
Sollen wir nun desshalb alle diese Arten und Formen auch
noch mit zu den Varietäten des E. acris rechnen? Aber

es gibt ja solche Zwischenformen auch noch zwischen E.
canadensis, angulosus und acer, sowie nicht minder zwischen
E. alpinus, E. glabratus und uniflorus etc., so dass wir
nach diesem Grundsatze logischerweise sämmtliche bei uns
vorkommenden Erigeron-Formen als Varietäten zu einer und
derselben species zusammenwerfen müssten. Das geht denn
doch nicht an. Einige Ausnahmen heben die Regel nicht
auf; hie und da vorkommende hybride Kreuzungsproducte
können das Artenrecht unserer Erigeron-Formen so wenig
in Frage stellen, als die noch viel zahlreicheren bei den Gattungen Cirsium, Verbascum, Epilobium etc., wo sie jetzt
(früher war das freilich anders!) Jedermann für Bastarde
nimmt, die den Charakter der guten Arten nicht beein-
trächtigen. Ich halte daher jetzt auch die Formen des *E. glabrescens* für Hybride *(angulos. χ acris);* ich kenne solche
dermalen aus dem Oberinnthal (Tirol) zwischen Landeck
und Prutz, Pfunds und Finstermünz, aus dem Unter-Engadin
von Martinsbruck bis Süs (1430 m.), aus dem Münsterthal (S. Maria 1300 m.), Oberhalbstein (bis Rofna 1450
m.), Domleschg, Oberland (Laax), Prätigau, Kt. St. Gallen
(Sarganserland), Vorarlberg (rechtes Illufer bei Feldkirch).

49. **Erigeron paradoxus Brgg.** *(E. angulos. χ Schleicheri Mor. = E. angul. χ Hegetschweileri*, J.-B. XXIV,
No. 166). Stengel aus aufsteigender Basis bald oder ganz
aufrecht, 25—40 cm. hoch, schlank, eckig gefurcht,
bräunlich-grün, ungefähr in halber Höhe oder darunter in
3—6 lange, einköpfige purpurne Aeste getheilt (mit trau-
biger bis doldentraubiger Anordnung), nebst den Hüllen zerstreut-haarig bis locker-rauh-haarig (an der Basis) von langen
abstehenden weissen Gliederhaaren; Grund- und unterste

Stengelblätter langgestielt, lanzett-spatelig, spitz, ziemlich rauhhaarig, die übrigen entfernt und stark abstehend, kurz gestielt bis sitzend, schmal lanzettl., nach oben allmählig kleiner und breiter, am Rande (gegen die Basis länger und dichter) gewimpert, oberseits angedrückt und zerstreut flaumhaarig, unterseits oder beiderseits kahl; Körbchen bauchig-walzlich, etwas höher als breit (von der Seite zusammengedrückt und gepresst eine 15—20 cm. breite halbkreisförmige Scheibe darstellend), grösser als die von angulos., aber kleiner als die von E. alpin., äussere Hüllschuppen lockerer und kürzer, grün mit dunklerem Mittelstreif, innere dünkler bräunlich-grün, an der Spitze oder sämmtliche völlig dunkel-purpurn überlaufen, alle (sammt den Köpfchenstielen) mit spärlicherer und kürzerer Behaarung als der Stengel; Strahl aufrecht, oberwärts zurückgebogenabstehend, fast doppelt so lang als die Scheibenblüthen, dunkel-rosenroth (Fahne der Randblüthen ¼—⅓ länger als ihr Röhrchen), innere röhrig-fädliche (fahnenlose) ♀ Blüthen — zwischen Strahl und Scheibe — ziemlich zahlreich; Pappus· zart etwas wellig und ungleich weisslich später röthlich, 2½ mal so lang als die behaarten (unreifen) Achänen (5 : 2 mm. l.), gleicht mehr demjenigen von E. angulos. (welcher etwas länger, spärlicher und gleichmässiger) als dem von E. Schleicheri (welcher etwas kürzer, steifer, reichlicher und mehr ungleich ist). — So vereinigt diese merkwürdige Form also mit dem Habitus eines armästigen E. angulos., etwa die Köpfchen des E. Villarsii und ungefähr die Bekleidung des E. glabratus, dass es kaum verwunderlich erscheint, wenn mich der erste Anblick der Pflanze, als ich davon (im Sept. 1853) etwa ein halbes

Dutzend im Schutze eines hausgrossen Felsblockes im Rüfe-
schutt bei Surlej nächst Silvaplana (1800 m.) aufspürte,
stutzig machte. Denn damals waren mir und Anderen noch
keine Erigeron-Bastarde bekannt und unmittelbar zur Stelle
wuchs keine andere Pflanze als Campanula pusilla var.
(freilich kaum ¹/₃ km. entfernt in demselben Rüfebett viel
E. angulos. mit Epilobium Fleischeri, und an den nächsten
Hügeln Erig. Schleicheri). „Wiewohl seit 2 Jahren eifrigst
mit dem Studium der Formen dieses genus beschäftigt,
wozu gerade das Engadin die beste Gelegenheit darbot, da
es hier möglich ist sozusagen am gleichen Tage sämmtliche
Koch'schen Arten im Leben und an ihren natürlichen Standorten zu vergleichen" — so bemerkte ich damals in einer
Note zu der, nach dem Leben entworfenen, Beschreibung
(O. Rh. msc.) — „so war ich doch beim Anblick dieser
sonderbaren Form wie verblüfft (daher die Benennung E.
paradox.). Ja je genauer ich sie betrachte und untersuche,
um so mehr wächst die Verlegenheit: wohin damit, zur
Gruppe von E. acris oder zu jener des E. alpinus, und
zu welcher der bekannten Arten? In der That zeigt unsere
Form, wie ein Blick in die Beschreibung lehrt, eine solche
Intermedietät und wieder ein solches Schwanken in den
Merkmalen, wie man sie sonst nur bei Bastarden zu finden
gewohnt ist. Bei dem jetzigen Stande der Diagnosen in
dieser Gattung (und anderen) kann man dieselbe unmöglich
einer unserer bekannten Arten zuweisen, ohne den Werth
aller diagnostischen Kennzeichen in Frage zu stellen . . . .
Dafür, dass es ein *E. angulos.* × *alpestris* d. h. ein durch
Kreuzung zwischen *E. angulos.* ♀ und *E. alpestris* ☿
(so nannte ich damals die später als E. Hegetschweileri

publicirte Pflanze) entstandener Bastard sei, ist am meisten
Wahrscheinlichkeit vorhanden" . . . . . Seither ist mir diese
nun zur Gewissheit geworden, nachdem es mir und Anderen
gelungen ist, so zahlreiche andere in der freien Natur oder
im Garten enstandene Erigeron-Bastarde aufzufinden und
nachzuweisen, namentlich solche von E. angulos., E. acris,
wie den oben (unter Nr. 47) citirten analogen *E. acris* $\times$ *Hegetschweileri (E. Christii m.)* u. a. m. Freilich das konnte
ich damals nicht ahnen, dass es sich beim ersten zugleich
auch um einen der allerseltesten Erigeron-Bastarde handle;
denn erst im vorigen August (1885) ist es mir, trotz
wiederholten Nachforschungen an der (übrigens seither ver-
änderten) alten Fundstelle und anderwärts, gelungen, den
E. paradoxus wieder wildwachsend unter den Stammarten
an einer neuen Lokalität, aber unter ganz analogen Verhältnissen, im Kiesbette der Ordlegna b. Ordeno (1770 m.)
auf Maloja wieder aufzufinden.

50. **Erigeron rhaeticus Brgg.** *(E. alpinus* $\times$ *uniflorus,*
Fl. Cur. 65, J.-B. XXIV, No. 170; *E. alpinus var. uniflorus Heer* Nival-Fl. p. 52). Weitaus die häufigste der
alpinen Zwischenformen dieser Gattung; ausser den früher
(l. c.) angegebenen Fundorten kenne ich sie z. Z. auch aus
dem Unter-Engadin (V. Tuoi: Dr. Killias 1867), aus
Davos (Strela 1883), Belfort (Alvencuer-A.), Schams (P.
Beverin), Rheinwald (Tambo- und Danatz-A.), vom Albula,
Bernina, Lavirum, V. Saluver, Hochwang (Mattlishorn) —
aus der Region von 2200—2600 m., wo sie immer in
der Gesellschaft der Stammarten vorkommt. Vom Aus-
schen eines robusteren *E. uniflorus (f. neglectus Kern.)*
mit dessen Hüllkelch und Blattform — zeigt *E. rhaeticus*

den längeren purpurfarbigen mehr abstehenden Strahl, die fahnenlosen ♀ Bluthen (zwischen Rand und Mitte), und an Stengel um Blättern eine Behaarung ähnlich wie *E. alpinus.* Stengel 5—16 cm. hoch, ziemlich steif, purpur-farbig, beblättert, abstehend langhaarig oberwärts fast zottig, 1-köpfig, obere Stengelblätter ziemlich rauhhaarig, untere zerstreut-haarig, dicht gewimpert, Grundbl. lanzett-spatelig, spitzlich; Körbchen kurz-walzlich, ungefähr gleich hoch wie breit (gepresst 15—20, mit Strahl bis 25 mm. br., frisch 6—9 mm. br., 7—9 mm. h.), Hülle dunkelpurpurn, (höchstens mit grüner Basis), wollig-rauhhaarig bis zottig, äussere Schuppen angedrückt, innere locker, an der Spitze oder von der Mitte an abstehend, Strahl schief aufrecht-abstehend lila- bis purpurfarbig (4—6 mm. l.), innere röhrig-fädliche ♀ Blüthen mehr oder weniger zahlreich, Scheibe grünlich-gelb später schwarzroth.

Die Form *E. neglectus Kern.* (Sched. fl. exs. austr.-hung. I, 94) unterscheidet sich von E. rhaeticus: durch etwas fleischige Blätter mit kahlen Flächen und undeutlichen (obsoleten) Seitennerven, durch halbkugelige Hüllen mit sämmtlich abstehenden Schuppen, durch den kürzeren Strahl (so lang als die Scheibenbth., bei E. rhaet. fast doppelt so lang) und die gelblichen relativ kürzeren Röhrenblümchen der Scheibe (so lang als Pappus, bei E. rhaet. länger als derselbe), strafferen starren Stengel etc.

51. **Erigeron engadinensis Brgg.** *(E. Schleicheri Mor.* χ *uniflorus = E. Hegetschweileri χ unifl.,* J.-B. XXIV, No. 171). Weit seltener als E. rhaeticus und nur in der Region von 1800—2200 m. im Unter- und Ober-Engadin (Scharljoch, V. Fex), Oberhalbstein (Allag b. Stalla) und

Rheinwald (Danatz- und Tambo-A.) bisher beobachtet, immer
in Gesellschaft der Stammarten, von denen bei uns *E.*
Schleicheri eben so selten über als *E. uniflorus* unter
der Waldgrenze vorkommt, daher sich die Seltenheit der
Kreuzungsprodukte von selbst versteht. Man kann darunter
zwei habituell ziemlich auseinander gehende Formen unterscheiden: a) *superuniflorus* steht im Ganzen und habituell
dem E. uniflorus (neglectus) näher, dessen Hülle, Blattform
und 1-köpfige oberwärts nackte purpurne Stengel sie zeigt,
nur Alles viel grösser und kräftiger, während die Behaarung
und die (grösseren) Köpfchen mit den zahlreichen fahnenlosen ♀ Blüthen etc. entschieden auf E. Schleicheri hinweisen. Stengel kräftig, 20—50 cm. hoch, 1-köpfig, oberwärts blattlos, an der Spitze verdickt, sonst beblättert und
behaart wie E. Schleich., Körbchen gross breit-walzlich
(breiter als hoch, frisch 15 : 9 mm., gepresst 20—23,
mit Strahl bis 28 mm. br.), Hülle rauhhaarig-zottig, äussere und mittlere Schuppen von der Mitte an (innerste
wenigstens an der Spitze) abstehend oder zurückgekrümmt,
alle purpurn überlaufen, Strahl (4 mm. l.) lila-purpurn,
stark abstehend zurückgebogen (wie bei E. Schleich.), Scheibe
dunkelbraun bis schwarzroth, zahlreiche röhrig-fädliche ♀
Blüthen zwischen Rand und Mitte (ihre Zahl ungefähr gleich
derjenigen der Zungenbth). Dagegen steht die Form b) *sub-
uniflorus* dem E. Schleicheri viel näher, ihr kräftiger
12—17 cm. hoher Stengel ist 1—2-köpfig, weniger steif
und etwas gebogen, beblättert und sammt den Blättern rauhhaarig (weniger als E. Schleich.), Körbchen breit-walzlich,
ungefähr so breit als hoch (gepresst 15, mit Strahl 23 mm.
breit), Hülle grün bis dunkelpurpurn, rauhhaarig-zottig,

Schuppen locker (wenigstens an der Spitze purpurn), Strahl lila oder hellrosa (4 — 5 mm.), Scheibe grünlich-gelb dann schwarzroth, wenige oder gar keine röhrig-fädlichen ♀ Blüthen (wie bei E. uniflor.).

52. Erigeron parviflorus m. *(E. angulosus* × *cana-densis).* Stengel 20 — 25 cm. hoch, aufrecht oder auf-steigend, eckig, mehr oder weniger purpurn überlaufen, schwach behaart bis kahl, von der Mitte oder von der Basis an ästig, rispig-ebensträussig, Aeste abstehend, untere verlängert-traubig 5—6-, mittlere 3-, oberste 1-köpfig, Köpfchen kürzer als ihr Stiel, sehr ungleich an Grösse, endständige grösser (gepresst (10—·15 mm. br.), seitliche kaum halb so gross (4 — 7 mm.); Strahl rosenroth : auf-recht, armblüthig, etwas länger oder fast gleichlang wie die Scheibenblüthen, Hülle kahl oder spärlich angedrückt-flaumig, Schuppen locker, berandet; Blätter am Rande gewimpert, auf den Flächen beinahe oder völlig kahl; Pappus weiss (5 mm. l.) gut 3 mal so lang als die tauben Achänen (1,5 mm.). Unterscheidet sich von dem analogen *E. Huelseni Vatke (E. acris* × *canadensis,* J.-B. XXIV, No. 164): durch die niedrigere Statur, festere, kantige, purpurne, mehr ansteigende Stengel mit mehr ebensträussigen Aesten, länger gestielten und etwas lockerer stehenden Köpfchen, durch den röthlichen und längeren daher mehr augenfälligen Strahl und dunklere (purpurne) Hüllen, end-lich und ganz besonders durch völlige oder annähernde Kahlheit aller Theile. --- Diese für das Gebiet und die übrige Schweiz neue Hybride wurde mir von meinen Schülern C. Locher und R. La Nicca von der Emser-Rüfe (bova) im Churer Rheinthal (1883) und vom Geschiebe der Susasca

b. Süs c. 1450 m. im U.-Engadin (1885) gebracht, zwei
Lokalitäten, wo die Stammarten in Menge vorkommen, in
Gegenden, wo nunmehr auch *E. acris* $\times$ *canadensis* mehrfach nachgewiesen ist. Ein Bastard *E. angulos.* $\times$ *cana-
dens.* ist auch in Preussen (Provinz Posen) von Pastor
R. Hülsen beobachtet, aber meines Wissens noch nirgends
beschrieben worden.

53. **Achillea Krättliana Brgg.** (*A. atrata* $\times$ *moschata,*
J.-B. XXIV, No. 175; A. mosch. β *impunctata Hopp.*
1832 (non Vest 1820), A. atrata β *intermedia Gaud.*
1829 (non Schleich. 1821), sec. A. **Heimerl** „Monogr.
sect. *Ptarmica Achill.* gen." 1884 p. 34). Indem der
Wiener Monograph die von mir (a. a. O.) früher publizirten
Fundorte — denen ich heute noch Albula und V. Puntaiglas
bei Truns beifügen kann — reproduzirt, bemerkt derselbe
über die Verbreitung: „Eine sehr seltene und schwer zu
erkennende Hybride, die mir nur von sehr wenigen Stellen
mit Sicherheit bekannt ist; ich sah ein einziges pracht-
volles Exemplar im Herbar des Herrn Museums-Direktors
A. v. Kerner, welcher im Stubai-Thale (Tirol) zwischen
den Stammarten diesen Bastard gesammelt hat. C. v. Nägeli
fand *A. Krättliana* beim Uebersteigen des St. Gotthard
(Schweiz), Hoppe hatte seine Pflanze aus den Alpen von
Kärnthen . . . . ." Ferner über die Synonymik: „Weder
das *Gaudin*'sche Synonymon noch das *Hoppe*'sche
kann zur Bezeichnung weiter verwendet werden,
ersteres der Existenz von *A. intermedia Schl.* (= *A.* moschata $\times$ nana, J.-B. XXIV, No. 177, *Heimerl* l. c. p. 48)
halber, letzteres der *Vest*'schen *A. impunctata* wegen, so
dass der von *Brügger* publizirte Name in seine

Rechte eintreten muss" (*Heimerl* l. c. pag. 35).*)
Von *A. atrata* unterscheidet Heimerl die *A. Krättliana*
(nach der getrockneten Kerner'schen Vorlage): „Durch das
wenn auch spärlichere, so doch besonders bei den oberen
Blättern völlig deutliche Vorkommen von Sitzdrüsen, durch
die schmalen fast ungetheilten, nur sparsam 2-spaltigen
Blattsegmente, durch die kürzeren äusseren, etwa die Hälfte
der Länge von den oberen erreichenden, mässig breit rost-
braun berandeten Involucralblättchen, endlich durch das
mehr eiförmige, nicht glockige, ziemlich schmale Involucrum,
so dass keine Verwechslung mit Formen der ziemlich vari-
ablen *A.* atrata geschehen kann." Eine Vereinigung mit
A. moschata, welcher die von Heimerl beschriebene Pflanze
viel näher steht, hält derselbe für bestimmt ausgeschlossen:
wegen ihres hohen Wuchses (ca. 25 cm.), der sehr an A.
atrata erinnernden Tracht, der schmalen, sehr verlängerten
Blattzipfel (wie solche an A. moschata niemals gesehen
werden), endlich der auffallend langen Köpfchenstiele (untere
5—6 mal, obere 2—2^1$_2$ mal länger als Köpfchen), wieder
ein Merkmal vieler Formen der A. atrata.

Unter den von mir und Krättli gesammelten Pflanzen
lassen sich deutlich zwei Hauptformen unterscheiden: a) eine
habituell mehr der *A. atrata* ähnliche (f. superatrata), wie
sie Heimerl beschrieben hat, nur etwas kleiner (15—20
cm. h.), welche sich im frischen Zustande (wie ich mich
den 23./8. 1881 in der Beverser Valletta mit Freund

*) Damit zu vgl. *Grml.* „Excll. f. d. Schweiz" 1885 p. 238, wo
unter den Achillea-„Bastarten" noch immer „*A. impunctata Kern.* =
A. atrata r. *intermedia Gaud.*?" für *A.* atrata ✕ *moschata* citirt, der
allein richtige Name aber consequent verschwiegen wird (selbstverständlich auch weder Fundorte noch Finder noch Diagnose figuriren).

Krättli überzeugen konnte, wo bei 2200—2400 m.
viel A. atrata mit moschata, weiter oben mit A. nana und
viel *A. Laggeri**) beisammen wachsen) durch den schwach-
aromatisch-bittern Geruch und Geschmack, durch steifere
grüne schwächer behaarte Stengel, kleinere (schmälere)
Köpfchen und schmälere Zungenbth., schmälere schwarzbraune
Ränder der Hüllbl., häufigere ungetheilte (neben 2—3-
spaltigen an demselben Blatte) entfernter stehende Blattsegmente von A. atrata unterscheiden lässt. b) Eine der
A. moschata viel näher stehende subatrata-Form (*A. Hei-
merliana m.*), welche noch kürzere (8—15 cm. h.) am
Grunde meist aufsteigende fast kahle Stengel hat, und im
lebenden Zustande (wie ich im Hintergrunde der Suretta-
Alp links bei 1900—2000 m., wo auf einem aus Rofla-
Gneis, Kalk und Dolomit gemischten Schuttkegel die Stammarten massenhaft beisammen stehen, den 15./8. 1878 beobachtet habe und meinen an Ort und Stelle geschriebenen
Notizen entnehme) durch das viel schwächer-aromatisch-bittere
bis völlig geruch- und geschmacklose dünklere Kraut, durch
spärlichere Drüsenpunkte (Sitzdrüsen) der Blattunterseite,
mehr genäherte häufig 1—2- (selten 3-) spaltige Blattsegmente (neben vorherrschend ungetheilten), dickere deutlicher
flaumige Stengel und mehr doldentraubige (corymböse) 1 - 3-
höpfige Aeste, breitere und kürzere Köpfchen, dünklere und
breitere Ränder der Hüllbl. — gegenüber A. mosch. zu

*) *A. atrata* X *nana* (J.-B. V, 74, XXIV No. 176; Heimerl
l. c. p. 47) ist nun auch im Unt.-Engadin (P. Lischana: Ptr. Mohr),
Avers, Oberhalbstein (V. Faller, V. d'Err), Rheinwald (Thäli-A.),
am Bernina (Arles: Krättli), ferner nach Heimerl im Ober-Wallis
(Furka, Rhone-Gletscher, Eginen- und Binn-Thal) nachgewiesen.

erkennen ist. Krätttli hat diese Form auch in V. Bever gesammelt.

54. Artemisia rhaetica m. (A. Absinthium L. var. alpestris Brgy. O. Rh. msc. et mss.)

Eine interessante Alpenform der A. Absinthium, zu welcher sie sich verhält wie A. nana Gaud. zu A. campestris, oder wie Adenostyles intermedia Heg. oder hybrida K. zu A. albifrons, Scabiosa lucida Vill. zu S. Columbaria etc., wächst im Ob.-Engadin, an Felsen und sonnigen steinigen Abstürzen der Thallehnen, 1750—1850 m., mehrfach wild und in Gesellschaft der A. Mutellina Vill., der sie auch im Ueberzuge völlig gleicht. Ich kenne sie hier schon seit 1850, habe sie seither oftmals an Ort und Stelle, sowie auch in Gärten (Bevers) verpflanzt, beobachtet und untersucht, und in ihren wesentlichen Merkmalen constant gefunden. Ich sehe sie daher jetzt für eine eigene subspecies an und trage — nach 35jähriger Beobachtung — nunmehr keine Bedenken, die schon 1854 (O. Rh. msc.) verfasste Beschreibung zu publiziren (nachdem ich schon früher getrocknete Exemplare mehrfach, auch an öffentliche Sammlungen, wie II. H., abgegeben habe).

Stengel 30—65 (gewöhnlich 40—50) cm. hoch, oberwärts oder schon von der Mitte an ästig, sammt den Blättern (beiderseits) weissgrau- bis silberweiss-seidenhaarig bis seidenfilzig; Blattsegmente und Rispenäste kürzer und dichter zusammengedrängt (als beim Typus), Blattzipfel meist zpitzlich bis spitz, übrigens längl.- bis lineal-lanzett, am Grunde des Blattstiels bisweilen lineal-lanzettl. Nebenblättchen; Köpfchen nickend, ungefähr so lang, wenig länger oder kürzer als ihr Stiel, niedergedrückt-halbkugelig, zweimal so breit

als hoch (5 — 7 mm. br.), um 2 mm. breiter und doppelt
so reichblüthig (33—120-, im Mittel 78-blüthig, worunter
bloss 13 ♀ Randbl.), aber mit relativ weniger ♀ Randblüthen als beim Typus (*A. Absinth.* von Chur, 600 m.
ü. M., hat 3 — 5 mm. breite, 22 — 55-, im Mittel bloss
39-bl. Köpfch., mit durchschn. 9 ♀ Randbl, somit betragen
letztere 23 % der ersteren, bei *A. rhaetica* dagegen bloss
16 %), Blüthen gelb; innere Hüllschuppen rundlich-verkehrt-
ciförmig braun-trockenhäutig mit krautigem grünem Mittel-
nerv, mittlere bloss mit braunem trockenhäutigem Rand,
äussere am Rücken sammt Stiel weissfilzig; Blüthenboden
kurz-haarig, Blumenkrönchen und Achänen völlig kahl.*)
Blüthezeit: Mitte August bis September.

55. Guaphalium silvaticum L. var. alpestre Brgg.
(O. Rh. msc. 1854; *Fl. Cur.* 67; *Wartm. u. Schlatt.*
St. Gall. Gefässpfl. 211). Was man in den Alpenthälern
Graubündens in der Region von 1400—2200 m. auf
lichten Waldplätzen und auf Triften häufig antrifft, ist nicht
das typische *G. silvaticum L.*, wie es anderwärts im Tieflande wächst, bei uns aber — ausser dem Vorderrhein-
thal, Unter-Engadin und den transalpinen Thälern — nicht
vorkommt, sondern eine rasenbildende mehrstengelige Alpenform, fast von der Statur und Tracht des *G. norvegicum
Gunn.*, mit dem es oft verwechselt worden ist und wird,
was bei flüchtiger Betrachtung leicht geschehen kann,
namentlich wenn die beiden Arten nicht beisammen stehen.

---

*) Nach *Hegetschweiler* Fl. d. Schw. S. 816 hätte *A. Absinthium*
k u r z h a a r i g e Blumenkronen; ich fand sie jedoch auch an den
Pflanzen von Chur und Brusio (800 m.) völlig kahl, selbst bei 32-
mal. Vergrösserung.

So im Engadin, Davos, Bergün, Churwalden, Oberhalbstein, Avers, Rheinwald, Vals, Tavetsch, am Bernhardin, Maloja, Bernina, Canciano, Umbrail etc. Aber auch im Vorarlberg, St. Gallen, Berner Oberland (Engstlenalp) und Ober-Wallis (Leukerbad) habe ich unter ähnlichen Verhältnissen diese Alpenform beobachtet. Sie hat 8—16 cm. hohe aufsteigende weissfilzige Stengel, gegen die Spitze in eine kurze bis kopfförmige Aehre zusammengedrängte oder (seltener) in eine längere bis zur Mitte herabreichende Aehre lockerer gestellte Körbchen, Hüllschuppen mit breit-häutigem kastanien-braunem bis schwarz-braunem Rande, lanzett-lineale 1-nervige nach oben hin allmählig an Länge und Breite abnehmende Stengelblätter (oberste weit kürzer als die Aehre), mit fast kahler Oberseite und weissfilziger Unterseite, und einen röthlichen Pappus.

Von *G. norwegicum Gunn.* unterscheidet sich demnach das *alpestre:* durch die schmäleren 1-nervigen aufwärts allmählig kleiner werdenden die Aehre nicht überragenden Blätter, den hellern Rand der Hüllbl. und den röthlichen Pappus; vom typischen *G. silvaticum L.* aber: durch den niedrigen Wuchs, die gedrungenere einfache Aehre und den breiteren dunkleren Rand der Hüllbl. — In subalpinen Waldungen bei 1300—1600 m. (Medels, Davos) finden sich nicht selten grössere (20—30 cm. h.) mehr aufrechte Gestalten mit an der Basis unterbrochener und selbst zusammengesetzter Aehre (wie ich sie übrigens auch an ganz ächtem *G. norwegicum* ausnahmsweise beobachtet habe) und mit heller-braunem Rande der Hüllbl., welche den Uebergang zum normalen *G. silvaticum* bilden und beweisen, dass das alpestre nur eine ausgezeichnete Varietät desselben ist.

56. **Gnaphalium ambiguum m.** *(G. norveg.* × *silvat.*
v. alpestre, J.-B. XXV, p. 58, No. 374). Am oberen
Waldsaume, bei 1900—2100 m., wo *G. silvat. r. alpestre*
bisweilen mit *G. norveg.* zusammentrifft, finden sich, so in
V. Bever, jedoch nur selten und vereinzelt, auch scheinbare Uebergänge zu diesem, welche ich für hybride Zwischenformen ansehe. Sie gleichen im Ganzen mehr einem
schlanken, schmalblättrigen *G. norvegicum,* mit etwas ver-
längerter und an der Basis unterbrochener (einfacher) Achre,
sie haben einen mehr braunen als schwarzen Rand der
Hüllbl., weisslichen Pappus, 1-nervige oder obsolet 3-nervige,
höchstens 5—7 mm. breite (5—7 cm. lange), beiderseits
filzige Blätter, wovon die oberen nicht länger sondern gleichlang oder sind kürzer als die unteren und etwa die halbe
Achre erreichen; Stengel aufrecht 15—30 cm. hoch.

57. **Senecio incanus L. var. pygmaeus Brgg.** i. sched.
II. II. 1867 (Heer, Nivale Fl. 1884 p. 85). Zwergform der Schneeregion mit verkürztem (2,5 — 3 cm. h.)
Stengel, dichter kopfförmiger Doldentraube mit (6 — 8)
kleineren Körbchen, stärkerem Rhizom und breiteren Blatt-
segmenten als der Typus, Achänen oberwärts schwach flaumhaarig. An der oberen Grenze der Phanerogamen (bei
3350 m.) auf dem Matterjoch (Col de St. Théodul) mit
Chrysanthemum alpinum var. minimum Gaud. und 12
anderen Phanerogamen, worunter auch No. 16 dieser Serie,
von Dr. H. Wettstein gesammelt.

58. **Senecio Wartmanni Brgg.** *(S. cordifolius* × *Jaco-
baea,* J.-B. XXIV, No. 180, S. lyratifolius Auct. pl. non
Rchb.). Von dem damit so vielfach verwechselten *S. lyratifolius Rchb.* = *S. Zahlbruckneri Host* (einem *S. cordi-*

fol. ✗ *crucifol.*, J.-B. l. c. No. 179) durch breitere, kürzere und mehr rechtwinklig abstehende, rautenförmige oder
eckig-verkehrteiförmige, untere Blattsegmente und durch
kahle Achänen des Strahles (die der Scheibe sind bei beiden
behaart) zu unterscheiden. Ausser der nächsten Umgebung
der Stadt St. Gallen, wo ich diesen Bastard schon 1851
(auf Notkersegg etc.) kennen lernte, führen Wartmann
und Schlatter (Gefässpflanzen d. Kant. St. Gallen und
Appenzell II, 227) eine grosse Anzahl von Fundorten aus
dem unteren und oberen Rheinthal, Toggenburg und dem
Appenzellerlande auf, und bemerken dazu: „gar nicht selten,
meist in der Nähe der Stammarten und oft Jahr für Jahr
zu beobachten." In Graubünden, wo S. Jacobea durch
S. crucifol. vertreten wird, kommt nur S. Zahlbruckneri
(kein S. Wartmanni) vor; ich habe daher die beiden sehr
ähnlichen Bastarde zuerst im St. Gallischen Nachbargebiete,
wo beide vorkommen und in vivo verglichen werden können,
sondern und unterscheiden gelernt (schon seit 1854).

59. **Carduus Moritzii Brgg.** (C. *crispus* ✗ *defloratus*
Brgg. in Rhiner Tab. Fl. 1868; Fl. Cur. p. 68; J.-B.
XXIV, No. 186; Müllner i. Verhandl. d. zool. bot.
Ges. Wien XXXIII, 1884, p. 27). Wurde von mir auch
beim Bad Peiden in Lungnez (815 m.), von H. Siegfried
bei Zofingen, von Holler auf dem Lechfeld b. Augsburg
und neuerlich von Müllner b. Lunz in ·N. Oesterreich aufgefunden. Bei Chur (Lürlibad, Sassal) 690—750 m.
beobachte ich die Pflanze, meist bei den Stammarten,
fast alljährlich von Anf. Juli bis Ende Sept. blühend. Sie
gleicht im Wuchs mehr dem C. deflorat., aber die Stengel
sind fester, dicker; die Blätter erinnern in Färbung. Ueber-

zug und Consistenz auch an C. deflorat., sind aber grösser, breiter, weicher, übrigens tief fieder-lappig bis -spaltig, ferner ebenso bewehrt und ganz geflügelt-dornig herablaufend, wie bei C. crispus; die bis zur Spitze dornig-kraus-geflügelten Aeste tragen einzelne (länger gestielte) oder gezweite genäherte (kürzer gestielte) aufrechte oder seltener schiefe rundliche Köpfchen, etwas grösser als die des C. crispus; Hüllen grün, fast kahl, Schuppen von der Mitte an stark (fast rechtwinklig) abstehend, verlängert lanzett-lineal, innere (obere) an der Spitze purpurn, Saum der Röhrenblüthen so lang als ihr tubus, heller purpurn als bei C. crispus; Unterseite der Stengelblätter kaum oder schwach weisslich-filzig (besonders an den oberen) oder -spinnwebig.

60. **Carduus Killiasii Brgg.** *(C. multiflorus* × *platylepis,* J.-B. XXIV No. 185). Bei der unter den Floristen herrschenden Verwirrung in der Auffassung der beiden hier in Frage kommenden Stammarten oder Unterarten, ist es vorerst nöthig, sich über diese auszusprechen. Ich fasse den *C. platylepis Saut.* und den *C. multiflorus Gaud.* (C. agrestis Kern.) auf als montane und subalpine Acker- und Wiesenformen, durch klimatische und Bodenverhältnisse bedingte Abänderungen der beiden ruderalen Tieflandstypen *C. nutans L.* und *C. crispus L.* Ich stütze mich dabei bezüglich des *platylepis* auf die ersten von Dr. A. Sauter (bot. Ztg. „Flora" XIII, 2, 410) und dem ältern L. Reichenbach (Fl. germ. excurs. p. 282) im gleichen Jahre 1830 publizirten Beschreibungen, ferner auf die durch J. Traunsteiner (den Mitarbeiter Sauter's in der Flora v. Kitzbüchl) an das Museum in Innsbruck gelieferten Exemplare vom Original-Fundorte („trockene Felder

auf Kalkboden um Kitzbüchl, Juni 1840," Herb. Mus.
Tirol. No. 242), die ich eingesehen und aufs genaueste
verglichen habe, sowie endlich auf meine mehr als 30-
jährigen Beobachtungen der lebenden Pflanze an ihren
natürlichen Standorten in Graubünden und dem angrenzenden
Tirol, wo sie auf Aeckern und Wiesen, an sonnigem Acker-
und Wiesenboden, in der oberen Region des Ackerbau's
von 1300 (1200) bis 1800 (1900) m. allgemein verbreitet (stellenweise nur zu häufig) ist und den C. nutans
der tiefern Regionen ersetzt. So bei Nauders und Finstermünz, im Münsterthal, Unter- und Ober-Engadin (Remüs
bis Pontresina), in Bergün (Latsch), Oberhalbstein (von
Tinzen einwärts), Churwalden (ob Parpan), Sckanfigg (Peist),
Oberland (Seth, Vrin)*) etc. In denselben Gegenden, wie
auch im Vorarlberg (Gross-Walserthal b. Buchboden), Algäu
(Oberstdorf), in Samnaun, Prättigau (Klosters) etc. ist auch
C. multiflorus ein häufiges, stellenweise lästiges Unkraut

---

*) In meinen Reisenotizen v. J. 1861 finde ich den *Carduus
platylepis Saut.* auch im Visperthal notirt, wo am Wege zwischen
Stalden und St. Nicolaus eine Pflanze mit einzelnen grösseren aufrechten Köpfchen, ganz vom Aussehen der Engadiner, am 5. Sept.
in Blüthe stand (bei Pontresina i. Ob.-Engadin 1800 m. sah ich sie
noch bis Mitte Sept., bei Scanfs 1700 m. schon Mitte Juli blühen).
Daraus schliesse ich, dass C. platylepis im Wallis noch 200–300 m.
tiefer vorkommt als in Bünden. Leider unterliess ich es, die Walliser Pflanze einzulegen, was indessen bei der Schwierigkeit der
Behandlung so grosser Anthodien auf Reisen und bei dem übergrossen
Reichthume jener Flora an eigenthümlichen Seltenheiten begreiflich
und zu entschuldigen ist. Es dürfte dies auch mit ein Grund sein,
warum man in Herbarien so selten einen typischen C. platylepis
findet, weil man der leichteren Behandlung halber gewöenlich lieber
Krüppel- und Zwergformen auswählt, welche überdies leichter zu
conserviren sind. Den C. platylepis muss man durchaus l e b e n d
gesehen haben, um ihn richtig beurtheilen zu können.

auf Getreidefeldern und Culturwiesen, das biswoilen schon in der Höhe von 900—1200 m. (Tiefencastel, Flims, Laax, Klosters), aber auch noch in den obersten Aeckern oder Gärtchen bis 1900 m. angetroffen wird, und in dieser Region den C. crispus des Tieflandes völlig ersetzt. Beide sind jedoch weniger auffällig von ihren Normal-Typen verschieden als manche andere Alpenformen (z. B. Centaurea alpestris Heg. von C. Scabiosa L., Scabiosa lucida Vill. von S. Columbaria L.). Unser *C. multiflorus* unterscheidet sich von *C. crispus* hauptsächlich durch die lebhaft grüne Farbe der Blätter (beider Flächen!), die etwas grösseren mehr gehäuften eiförmig-rundlichen Köpfchen mit etwas dunkleren (satt-purpurnen) Blüthen und beinahe bis völlig kahlen Hüllen, sowie auch durch die frühere Blüthezeit (deren Anfang bei 900 m. in's letzte Drittel Juni, für *C.* crispus dagegen bei 600 m. in's erste Drittel Juli fällt); obere Stengelblätter länglich, fiederspaltig mit 3-lappigen Segmenten, unterseits meist locker weisslich-filzig, untere dagegen beiderseits grün und buchtig fast leyerförmig-geschnitten oder -getheilt. Hierin stimmt unsere Pflanze nun völlig mit *C. agrestis Kern.* (sched. I, 77, v. D. Torre Alpfl. 138), welcher auf Wiesen und Aeckern der Tiroler Central-Alpen von 1000—1500 (2200) m. unkrautartig wachsen soll, und von *C. multiflorus Gaud.* ausserdem nur durch die mehr sparrig-gebogenen, ganz allmählig in ein Stachelchen verschmälerten Hüllschuppen (gegenüber den „spinnwebigen aufrecht-abstehenden plötzlich zusammengezogenen Schuppen der eiförmigen Köpfchen" von C. multiflor.) und besonders auffallend durch die grösseren (4 mm. l., 1,5 mm. br.) dunkleren Achänen unter-

schieden wird. Ich finde aber diese Merkmale nicht constant, weder beim C. multiflorus aus Graubünden noch bei
jenem aus dem schweiz. Jura (les Rousses: E. Thomas,
St. Cergues: Theobald, beides Originalfundorte Gaudin's,
fl. helv. V, 167), die ich damit verglichen und übereinstimmend gefunden habe; bei beiden (sowie auch beim
C. crispus von Chur) haben die Achänen dieselbe (fein
längs-streifige und punktirt-runzlige) Skulptur, dieselbe (hell-
bräunlich-graue) Farbe und Grösse (3 — 3,5 mm. l., 1,2 — 1,3
mm. br.); bei beiden sind auch die Köpfchen in Form und
Bekleidung der Hüllen (bei der Pflanze von les Rousses
fast ganz kahl!) nicht constant verschieden, und sie wechseln bei beiden mit bald mehr aufrecht-abstehenden, bald
mehr sparrigen Schuppen. Ich halte daher die Bündner
Pflanze für den ächten C. multiflorus Gaud. (1829) und
diesen kaum für verschieden von C. agrestis Kern. (1881).

C. platylepis Saut. ist im lebenden Zustande von
C. nutans L. durch die meist bedeutend grösseren immer
aufrechten oder wenig schiefen (niemals nickenden), bald
einzeln, bald zu zweien oder dreien (seitliche kleinere schief-)
stehenden Köpfchen, mit mehr oder weniger purpurnen Hüllen,
leicht auf den ersten Blick, im Herbar jedoch schwer, zu
unterscheiden; Stengel 30—60 cm. hoch, endständige
Köpfchen 4 - 6 cm. br. (so bei 1600 — 1800 m., tiefer
unten kleiner 3 — 4 cm. br.), niedergedrückt, Blüthen stark
und angenehm duftend, Schuppen oberhalb der Einschnürung
breit lanzettl. (3 — 4 mm. br.) in einen kräftigen Dorn
zugespitzt, wagrecht- dann bogig-aufrecht-abstehend.*) Die

---

*) Achänen (4 mm. l., 1,5 mm. br.) grösser als die des C. nutans
von Genf und Chur.

Pflanze von Kitzbüchl hat nur einzeln stehende Köpfchen, wie dies die erste Sauter'sche Beschreibung (l. c.) betont und es auch bei unserer Bündner Pflanze häufiger zutrifft, ihre Breite beträgt nur 3 — 3,5 cm., also bedeutend weniger als im Ober-Engadin. Die Mehrzahl (2 — 4) z. Thl. sitzender und wagrechter oder kurzgestielter und schiefer Köpfchen, welche spätere Floristen und Compilatoren mit Unrecht als wesentlich betonen, bildet also hüben wie drüben die Ausnahme und ist hiermit die Identität der Tiroler und Engadiner (Bündner) Pflanze durchaus unzweifelhaft und vollkommen erwiesen. „Dass übrigens C. platylepis nur eine üppigere (?) Form des C. nutans sei, wie schon Unger (Einfluss des Bodens, 1836) bemerkte, sind alle Tiroler Botaniker einig," erklärt Fr. v. Hausmann (Fl. v. Tir. 487); ähnlich Dr. Facchini (Fl. v. Süd-Tir. 103), der schon über die Verwirrung der Scribenten klagt und anführt, dass der Entdecker selber die specifische Verschiedenheit von C. nutans verneine, und Traunsteiner, welcher seinen C. platylepis Saut. von Kitzbüchl auf der Etikette für eine blosse Ackerform (C. nutans var. arvensis Traunst. i. sched. Herb. Mus. Tir.) erklärt.

Letzterer hat übrigens, wie wohl auch andere Sammler, Bastarde des C. platylepis mit diesem vermengt und dadurch zu jener Verwirrung der späteren Schriftsteller wohl wesentlich beigetragen. Unter seinen oben citirten Exemplaren im Innsbrucker Museum findet sich eines, das in seiner durchaus abweichenden Blattform mit seichteren Einschnitten, kleineren breiteren schwächer bewehrten Lappen und stärkerer beiderseitiger Bekleidung, sowie in seinen auffallend kleineren (bloss 2,5 cm. br.) Köpfchen mit um die Hälfte

schmäleren (bloss 2 mm. br.) weniger abstehenden Hüllschuppen — deutlich die, wenn auch entferntere, Einwirkung des C. multiflorus Gaud. (agrestis Kern.) verräth,
der ja, wie wir gesehen, in Tirol wie in Graubünden, an
denselben Lokalitäten und in denselben Gegenden wächst
und also oft genug mit C. platylepis zusammentrifft. An
solchen Stellen finden sich dann nicht eben selten, wenn
auch nur vereinzelt, hybride Zwischenformen, welche ich
Carduus Killiasii (*multifl.* ✗ *platylepis*) genannt habe.
So im Unter-Engadin bei Tarasp und Crusch, im Ober-
Engadin bei Scanfs (schon 1856). Dahin rechne ich nun
die in Frage stehende Pflanze Traunsteiners v. Kitzbüchl als forma recedens oder submultiflora d. h. eine in
allen Theilen besonders aber in den Blüthen dem C. platylepis näher sehende Zwischenform, wie sie Dr. Killias
u. a. auch bei Tarasp gesammelt hat. Andere Kreuzungsprodukte derselben Combination, welche man an denselben
Stellen bei den Stamarten findet, nähern sich dagegen in
der Blüthensphäre mehr dem C. multiflorus und zeigen dann
zahlreichere seitliche kurzgestielte und sitzende wagrechte
noch kleinere Köpfchen, während die Blätter mehr denen
des C. platylepis gleichen. Diese mögen auch wie jene
hie und da für ächte C. platylepis ausgegeben worden sein
und jene verwirrenden Zerrbilder desselben in Bild und
Wort veranlasst haben.*)

---

*) Wie z. B. „Köpfchen meist zu 2—4, selten einzeln kleiner
als bei C. nutans, seitliche sitzend, nickend, wagerecht, Blattfiedern
breiter als bei C. nutans, Köpfchen denen des nutans meist nicht
gleich" u. dgl., was auf den typischen *C. platylepis Saut.* gar nicht
oder nur halb passt. Zu den gänzlich verfehlten Abbildungen muss

61. **Carduus Poolii Brgg.** *(C. defloratus ✕ platylepis,*
J.-B. XXIV, No. 189). Dies ist bei uns die am häufig-
sten vorkommende hybride Carduus-Zwischenform in der
Region des C. platylepis, gerade so wie es tiefer unten
C. Brunneri A. Braun (defloratus ✕ nutans, l. c. No. 188)
auch ist, zu welchem sich C. Poolii verhält wie C. platylepis zu nutans, jedoch abzüglich des ausgleichenden Ein-
flusses von C. defloratus L., der zu beiden Formen eine
gleich grosse Affinität zeigt und damit indirekt die nahe
Verwandtschaft derselben bezeugt. Während im Leben, an
Ort und Stelle im Angesichte der Stammarten, die Unterscheidung der beiden nahe stehenden Bastarde durchaus
keine Schwierigkeiten bietet, sind sie in den Herbarien
(namentlich bei mangelnden oder lückenhaften Standorts-
angaben) natürlich noch schwieriger zu sondern, als die
beiden sie trennenden Stammformen. In letzterem Falle
bleiben nur mehr die merklich grösseren robuster gestielten
Köpfchen (3—4,5 cm. br.) mit den breiteren (2—3 mm.)
mehr gefärbten Hüllschuppen des *C. Poolii* als sichere
Unterscheidungsmerkmale gegenüber *C. Brunneri* (mit 2—3
cm. br. Köpfchen, 1—1,5 mm. br. Schuppen), während
die mehr oder weniger aufrechte Stellung, Duft und Colorit
der Blüthen, Statur, Standortsverhältnisse etc. im Leben
weitere werthvolle Anhaltspunkte darbieten, die aber in den
Herbarien verloren gehen. *C. Poolii,* dessen Name an
die Verdienste des ältesten Bündner Floristen (Dekan L.
Pool 1754—1828) namentlich um die Erforschung der

---

leider auch die von *Reichenbach fil.* in seiner sonst so vorzüglichen
Iconographie gegebene gezählt werden, wo diese Pflanze mit 2 und
3 Köpfchen bloss von der halben Grösse des nutans dargestellt ist.

östlichen Landesgegenden erinnern soll, kenne ich dermalen
aus dem Ober- und Unter-Engadin (Scanfs 1856, wieder
1885, V. Tasna, Tarasp), Münsterthal, Oberhalbstein (Rofna
1884), Inner-Schanfigg (Peist), also aus der Region von
1250 – 1700 m.

62. **Hieracium splendens** Kern. (*H. aurantiacum*
× *sphaerocephal. Brgg.*, J.-B. XXIV No. 226, *D. Torre*
Alpfl. 159 = *H. aurant.* × *furcatum*). In den Alpen
über Krumbach im Vorarlberg am Gentschel-Pass und südöstl. Abfall des Widdersteins bei 1730 – 1800 m. beobachtete ich am 12. Aug. 1854 zum ersten Male Zwischenformen der genannten Stammarten, welche dort häufig
wuchsen, zusammen mit *H. Hoppeanum* und *H. glaciale*,
nebst den Hybriden *H. aurant.* × *glaciale* (= *H. Custoris
Brgg.* in., J.-B. No. 225, = H. aurant. var. bicolor Cust.
ap. Gaud. V, 87) spärlich und *H. furcat.* × *Hoppean.*
(= pilosellaef. × sphaeroc. J.-B. No. 234 = *H. Bruhini
Brgg.* in.) ganz vereinzelt. *H. splendens* hatte von diesen
drei Bastarden die grösste Individuenzahl, alle blieben jedoch
gegenüber den Stammarten bedeutend in der Minderheit.
Es liessen sich da ganz gut zwei Haupttypen des H. splendens unterscheiden: a) Formen (superaurantiacum) vom Habitus des H. aurant. aber mit grösseren Köpfchen, fuss-
hohem (30 — 35 cm.) 1 — 3 köpfig-gabeligem Stengel,
oberwärts drüsig und von schwärzlichen Haaren zottig;
meiste Blätter grundständig, spatelig-verkehrteiförmig, unter-
unterseits grau-flockig, übrigens nach Verschwinden der
Sternhaare beiderseits grün; jugendliche Köpfchen etwas
geneigt, verblühte kugelig-bauchig (ähnlich wie bei H.
aurant.); Zungenbl. goldgelb bis safranfarbig (Mittelton zwisch.

dem Orange des aurant. und dem Gelb des furcat.), randständige unterseits orange-purpurn gestreift oder ganz so
gefärbt, oder endlich die meisten Zungenbl. orange, nur im
Centrum einige in's gelbliche spielende. b) Kleinere bloss
spannenhohe (18 — 20 cm.) Gestalten (subaurautiacum) mehr
vom Habitus und mit der Blatt- und Stengelbildung des
II. furcat., aber mit kleineren schwarzhülligen 2 — 5 doldentraubig gestellten Köpfchen, Schaft oberwärts purpurn überlaufen, randständige Zungenbl. unterseits und innere an der
Spitze etwas purpurn. Letztere Form b) war die seltenere.
Von den Stammarten fing das aurant. dort erst zu blühen
an, während das furc. schon meist verblüht oder in Frucht
stand und nur einzeln besonders in den höheren Lagen
noch blühend zu treffen war, wie sich aus meinen damals
an Ort und Stelle gemachten Notizen (mit Beschreibung)
ergiebt. Von den meisten Pflanzen dieser Zwischenformen-
reihe, welcher sie den neuen Namen H. fulgens Näg. Pet.
beilegen (und wovon 7 subspecies nebst 8 Varietäten unterschieden werden), halten die genannten Monographen
(S. 350) es für nicht unwahrscheinlich, „dass sie Bastarde zwischen aurantiac. und furcat. sind," —
woran wir Anderen seit 1854 noch niemals gezweifelt haben.

63. **Hieracium spurium m.** (H. Auricula × pilosellae-
forme = Auric. × Hoppeanum, Fl. Cur. 1874 pag. 70,
J.-B. XXIV No. 229). Am 19. Juli 1855 fand ich zum
ersten Male am Oberberg in Churwalden bei ca. 1800 m.
unter den in der Ueberschrift genannten dort häufigen
Stammarten (wovon das H. Auric. die var. minus Fr. nach
Griseb. darstellte) eine Zwischenform in geringer Individuenzahl, die ich nach genauer Prüfung aller namentlich auch

der Standortsverhältnisse als Bastarde erkannte und *H. Auric.* χ *pilosellaef.* benannte, analog dem *H. auriculiforme Fr.* (Schultesii Sch.), welches von Fr. Schultz und G. Mendel durch künstliche Kreuzung erzeugt und dadurch als zweifelloses *H. Auricula* χ *Pilosella* erwiesen worden ist. Ich gebe hier die damals an Ort und Stelle nach den lebenden Pflanzen entworfene Beschreibung unverändert (nur in deutscher Uebersetzung) wieder.

„*H. spurium:* Griffel bräunlich, wie bei II. pilosellaef. (wodurch es leicht vom H. angustifol. Hpp. Griseb. unterschieden wird); Hülle eirund-kreiselförmig (wodurch es vom H. hybridum Chr. Griseb. sich unterscheidet), Schuppen dachziegelig, eiförmig-lanzettlich, dicht drüsig und spärlich behaart, halten die Mitte zwischen jenen der Stammarten; Blätter verkehrt-lanzettl., stumpflich oder spitzlich, blassgrün etwas grün-bläulich (subglaucescens), unterseits etwas weiss-graulich, am Rande sammt dem Blattstiel haarig; oberirdische Ausläufer verkürzt; Schaft gabelig (2-köpfig) oder 1-köpfig, oberwärts mit Deckblättern besetzt (beschuppt), in deren Achseln Ansätze von Köpfchen, äussere Zungenblüthen unterseits purpurn (gestreift).*)

---

*) Es dürfte nicht überflüssig sein, hier daran zu erinnern, dass der Verf. gerade damals, angeregt durch den unvergesslichen Prof. O. Sendtner (dessen „Veget. Verh. Südbayerns", 1854, S. 810 ff., und monographische Vorarbeiten über Hieracien in „Münch. Gel. Anz." 1854 No. 22—27 und bot. Ztg. „Flora" hievon Zeugniss geben) und gestützt auf die kurz vorher erschienenen Monographien von El. Fries (1848) und A. Grisebach (1852), sich mehrere Jahre einlässlich mit dem Studium dieser schwierigen Gattung beschäftigt hatte, wozu die von den beiden Monographen Fries und Grisebach revidirten Hieracien des *Herbar. boic.* in München unter Prof. Sendtners freundlicher und kundiger Leitung eine treffliche Grund-

Mein *H. spurium* hat mit dem *H. latisquamum Näg.*
Pet. Nichts zu schaffen, da letzteres eine nicht hybride
selbstständige Zwischenform oder Sammelspecies sein soll,
wovon 10 subspecies und 18 Varietäten unterschieden
und beschrieben werden, keine der Beschreibungen jedoch
genau zu meiner Pflanze stimmt. Das ist um so merk-
würdiger, als die Autoren selbst zwei ihrer Formen (subsp.
stenolepium var. anodicranon, subsp. polychaetium var. lam-
procephalum) bei Parpan angeben, so dass wir also in derselben Gegend zugleich hybride mit nicht hybriden Zwischenformen derselben Stammarten hätten. Freilich geben sie
einmal (S. 213, 218) auch zu, dass die Formen ihres
latisquamum „zum Theil wenigstens wahrscheinlich
Bastarde“ seien und namentlich die Form *polychaetium*
„durch fortgesetzte Kreuzung mit H. furcatum aus dem
ursprünglichen latisquamum hervorgegangen sein könnte.“
Von den übrigen 11 Piloselloiden-Bastarden, welche ich
selber beobachtet und in meinem Verzeichnisse (J.-B. XXIV
S. 111, No. 224—236) aufgeführt habe, figuriren 7 bei
den genannten Monographen ebenfalls als hybride
Zwischenformen, nämlich: No. **224** *(H. aurant.* ✕ *Auric.*
Brgg. = H. pyrranthes Näg. Pet.), **225** *(H. aurant.* ✕

lage boten. Ein nach G r i s e b a c h ausgearbeiteter analyt. „Schlüssel“
diente zum Bestimmen und begleitete mich auf allen meinen Reisen.
Die um München, St. Gallen, Chur, in den bairischen, Tiroler, Vor-
arlberger, Appenzeller, St. Galler, Glarner und Bündner Alpen vorkommenden Arten waren mir aber damals zum grössten Theile auch
schon in der freien Natur, nicht bloss aus den Herbarien, bekannt
geworden. Die Monographie der Piloselloiden von N ä g e l i & P e t e r
in München ist 1885 erschienen; mit dem ersten und älteren der
beiden Verfasser habe ich seit 1857 wiederholt schriftlich und münd-
lich verkehrt und ihm auch Pflanzen (Hieracien) zugesandt.

glaciale Brgg. = H. aurantellum Näg. Pet.), **227** (*H. aurant.*
✗ *Pilosella* Brgg. = H. stoloniflor. N. P.), **228** (*H. Auric.*
✗ *Pilos.* = H. auriculiforme N. P.), **230** (*H. Auric.* ✗
praealt. Brgg. = H. sulphureum N. P.), **234** (*H. pilosellaef.*
✗ *sphaeroceph.* Brgg. = Hoppean. ✗ furcat. = H. eury-
lepium Näg. Pet.), **236** (*H. Pilosella* ✗ *piloselloid.* = Pele-
trian. ✗ florentin. = H. hybridum N. P.); bei 228
freilich (ähnlich wie 226 und 229) — trotz der von
Schultz und Mendel erbrachten Beweise — mit einigen
Zweifeln, da sie sich einen Theil dieser Uebergangsformen
auch auf andere Weise (durch Variation, Zuchtwahl, Kampf
um's Dasein — nach Darwin) entstanden denken und als
selbstständige Zwischenstufen auffassen. Ganz in diese
letztere Kategorie dagegen fallen bei ihnen meine vier
übrigen Nummern: 231 (*H. Auric.* ✗ *glaciale* Brgg. =
H. niphobium Näg. Pet.), 232 (*H. glacial.* ✗ *pilosellaef.*
Christ. = glac. ✗ Hoppean. = H. furcatum N. P.), 233
(*H. glaciale* ✗ *sphaeroceph.* Brgg. = glac. ✗ furcat. = H.
permutatum N. P.), 235 (*H. Pilosella* ✗ *praealt.* Brgg.
= H. brachiatum N. P.). Dabei darf wohl daran erinnert
werden, dass für alle diese Nummern — mit Ausnahme
von No. 229 und 234 — schon früher von verschiedenen
Autoren aufgestellte sog. einfache Speciesnamen bestanden,
aber bei den neuen Monographen wenig Gnade gefunden
haben. Im Uebrigen halte ich noch immer dafür, dass
divus W. D. J. Koch, der berühmte Verfasser der
Synopsis Fl. German. et Helvet. das Richtige getroffen, wenn
er (mit Bezugnahme auf die Zwischenformen von
Hieracium *glabratum*, glaucum und villosum, „Flora"
1830, I, 150) bemerkt: „Es ist allerdings wahr, dass

man unter diesen, wie unter allen Arten der Gattung, Formen antrifft, welche sich zu der einen oder der andern Art hinüber neigen, es ist aber auch richtig, dass solche Formen nur da vorkommen, wo zwei Arten neben einander wachsen, so dass man nach meiner Meinung diese Individuen als Bastarde, wozu die *Hieracien* und *Cirsien* so sehr geneigt sind, anzusehen hat." Einzelne Ausnahmen stossen die Regel nicht um. Ich kenne Wiesen, wo der Bastard Cirsium rigens Wallr. (decoloratum Koch) häufiger ist, als die Stammarten (C. acaule + oleraceum nach Naegeli, Hampe, Schiede etc.), und solche, wo es nur mit einer oder auch ohne die beiden Stammarten vorkommt; sollen wir desshalb — allen gegentheiligen Erfahrungen zum Trotz — annehmen, dass C. rigens kein Bastard sei und etwa auch durch Variation entstehen könne? Aehnliche Fälle sind mir von andern in hiesiger Gegend wildwachsenden Bastarden, wie z. B. Primula acaul. ⅹ officinalis, Alnus incana ⅹ glutinosa, Rhododendron ferrugin. ⅹ hirsutum u. a. bekannt, deren hybrider Ursprung doch von Niemandem mehr bezweifelt wird, da er ja durch Kreuzungsversuche längst erwiesen ist. Ich gedenke auf diese lehrreichen Fälle a. a. O. zurückzukommen, denn sie beweisen, dass Bastarde bisweilen im Stande sind, den lokalen Untergang ihrer Stammarten im Kampf um's Dasein zu überdauern (wie z. B. Alnus hybrida A. Br. bei Chur, wo dermalen A. glutinosa nicht mehr wächst und als ausgestorben gelten darf).

64. **Scabiosa subalpina Brgg.** (Fl. Cur. 65). Mittelformen zwischen S. columbaria L. der Ebene und Hügelregion einerseits und deren über der Waldgrenze bis zur

Schneeregion (1800—2400 m.) allgemein verbreiteten Alpenform S. lucida Vill. anderseits, die im Herbarium leicht für Bastarde genommen werden könnten. Es sind aber keine hybriden, sondern klimatische Zwischenformen, da sie stets ohne die Gesellschaft der beiden vorausgesetzten Stammarten in der montanen und subalpinen Zwischenregion (1200—1800 m.) wahrscheinlich überall in den Alpen häufig genug vorkommen, so dass sie schon älteren Floristen (z. B. Haller, der hist. stirp. helv. No. 202, und Hegetschweiler, der Fl. d. Schwz. S. 122 von solchen „Uebergängen" zu der Alpenform spricht) nicht entgehen konnten. Allein die Systematik hat davon bisher so wenig Notiz genommen, dass noch immer die grosse Mehrzahl neuerer Floristen (namentlich die ganze Koch'sche Abschreiberschule) fortfährt, S. columb. und S. lucida wie gleichwerthige Arten zu behandeln, während eine selbstständigere Minderzahl (unser klassische Gaudin voran) mit mehr Logik letztere unter die Varietäten der columb. versetzt. Beide gehen jedoch nach meiner Ansicht zu weit; ich halte — trotz alledem — die lucida für eine immerhin hinlänglich ausgezeichnete subspec. (des Typus columb.), verlange aber auch gleiches Recht und Berücksichtigung der Zwischenform als subspec. subalpina. Schon am 19. August 1854 schrieb ich, nach den ersten Beobachtungen über letztere im vordern Walserthal um Mittelberg (bei 1200—1300 m.) und namentlich an der West- und Ostseite des Schadona-Passes (Vorarlberg) bei 1300—1650 m., in mein Tagebuch: „S. columbaria in allen möglichen Uebergängen zu S. lucida Vill. Erstere nähert sich hier durch Formen mit an der Basis etwas mehr verbreiterten

und dann mit einem schwachen (oft kaum merklich ange-
deuteten) Nerv versehenen innern Kelchborsten und mit
fast ganzen oder leyerförmigen untersten Stengelblättern
— so sehr der lucida (deren Kelchborsten durch einen
hervortretenden Nerv gekielt sind), dass solche Pflanzen mit
gleichem Rechte zu der einen so gut wie zu der anderen
oder, genauer genommen, eigentlich zu keiner von beiden
„Arten" (nach Koch's Diagnose) gezogen werden können,
denn der Habitus — als einziger noch übrige Anhalts-
punkt — unterscheidet hier die Formen nicht mehr, die
einander ganz ähnlich sehen." Seither habe ich die subalpine von der alpinen subspec. getrennt und sie in ihrer
Verbreitung weiter verfolgt durch Nord-, Ost- und Mittel-
Bünden (Churwalden, Prätigau, Davos, Belfort, Bergün,
Unter- und Ober-Engadin etc.), die Kantone St. Gallen,
(Amden), Glarus (Elm), Schwyz (Wäggi- und Muottathal)
und Uri (Axenstrasse), wo sie mit anderen Alpenpflanzen
stellenweise bis 600 m. (auch in Mittelbünden unter beson-
deren Verhältnissen, im Schyn und bei Surava, bis 900 m.)
herabgeht.

S. subalpina verbindet mit der annähernden Kahlheit
und den grösseren mehr strahlenden Blüthenköpfchen (3 — 3,5
cm. br.) der S. lucida die höhere schlankere Statur der
S. columb. (deren Köpfchen nur 1,5 — 2,5 cm. br.); Stengel
25 — 65 cm. hoch, 1 — 3 (4)-köpfig, Grund- und untere
Stengelblätter spatelig - eiförmig, ganzrandig oder gesägt-
bis eingeschnitten - gezähnt und leyerförmig, mittlere und
obere Stengelblätter flederschnittig bis leyerförmig, Zipfel
lanzett-lineal bis lineal, ganzrandig oder schwach entfernt-
bis eingeschnitten - gezähnt; innere Kelchborsten schwarz,

lang, an der etwas verbreiterten Basis innen 1 - nervig
(schwach, kaum merklich, oder gar nicht gekielt); Frucht-
köpfchen eiförmig - kugelig, Blüthen lila - bläulich, äussere
strahlend. Standort: Triften, Waiden, magere Bergwiesen,
tiefer unten auch Flusskies und Felsschutt; Blüthezeit:
Ende Juni (900 m.) bis Mitte September (1800 m.).

65. Knautia Sendtneri m. *(K. silvatica var.* Sendtn.
Veg. Verh. Südbay. 1854 p. 789; *Scab. longifolia Schl.*
Heg. p. p.). „Es gibt in unseren Alpen eine Varietät
mit ganzrandigen Blättern und Drüsenhaaren am Stengel,
die man für die in den südlichen Kalkalpen verbreitete
K. longifolia halten möchte; die Blätter sind aber immer
viel breiter, der steife Habitus fehlt und überhaupt das
ganze Ansehen der Pflanze ist ein anderes.“ Mit diesen
Worten signalisirt S e n d t n e r eine Alpenform der K. silvat.,
die er in den Algäuer und bayrischen Kalkalpen zwischen
Lech und Inn in der Region von 1400 — 2100 m. verbreitet gefunden und durch mich gesammelt aus der Umgebung von Kreuth (820 — 980 m.) erhalten hatte. Hier
war mir nämlich im Sommer 1853, während eines kurzen
Aufenthaltes (der hauptsächlich der Astrantia carniolica
Koch = A. alpina Schltz. galt), diese Pflanze durch ihren
von unserer gewöhnlichen K. silvat. bedeutend abweichenden
Habitus zuerst aufgefallen, wodurch ich anfänglich auch
verleitet wurde, sie als K. longifolia (Koch! dessen Diagnose zu den ersten Exemplaren Wort für Wort stimmte)
anzusprechen; allein eine genauere Untersuchung und Vergleichung zahlreicherer Exemplare belehrte mich bald eines
andern und führte zur Erkenntniss, dass es sich hier vielmehr um eine Uebergangs- oder Zwischenform zur K. silvat.

handle, deren Verbreitung und Verhalten weiter zu verfolgen sei. Noch in demselben Sommer fand ich übereinstimmende Pflanzen im Engadin (V. Tasna, St. Moritz), im folgenden beobachtete ich solche selbst im Algäu und Vorarlberg (Walserschanze 850 m., Schröcken, Schadonapass, 1200—1400 m.), bald darauf und später wiederholt im östlichen und mittleren Graubünden (Bergün, Churwalden, Oberhalbstein) von 1200 – 2000 m., hier wie im Algäu (nach Sendtner) also bis über die Waldgrenze hinaus, ferner auch in den Glarner-, Urner- und Schwyzer-Alpen, ja selbst auf Molasse-Vorbergen der Ostschweiz (Albis-Uto, 850—900 m., S. longifol. Heg.). „Uebergänge von der K. longifolia K. in die silvat." führt F. v. Hausmann (Fl. Tir. p. 413) auch aus der Umgebung von Bozen auf.

K. Sendtneri tritt an diesen weit entlegenen Wohnorten natürlich in ziemlich wechselnder Gestalt auf; Stengel 25—80 cm. hoch, 1—3- selten mehrköpfig, gegen die Basis mehr oder weniger steifhaarig, in der Mitte meist kahl, oberwärts sammt den Köpfchenstielen kurz weichhaarig-flaumig mit untermischten längeren Borsten- und kürzeren (mehr oder weniger zahlreichen, niemals ganz fehlenden) Drüsenhaaren; Blätter länglich-lanzett bis verlängert-lanzett (4—7 mal so lang als breit) in den geflügelten Blattstiel allmählig verlaufend, am Grunde zusammengewachsen, ganzrandig oder schwach gezähnelt bis feinkerbig oder entfernt fein gesägt, derber als bei silvat., oberseits völlig oder beinahe kahl, etwas glänzend, Rückennerv und Rand bel.aart (wimperig); Blüthen lila-bläulich, äussere meist mehr strahlend und Köpfchen grösser als bei K. silvat. Bei einer bloss 25—33 cm. hohen Alpenform *var. alpestris* m., aus den Heubergen von Cavreccia und Cuolm ob Stalla 1900—2000 m., sind die Köpfchen 35—40 mm. br., die Blüthen intensiver gefärbt und stark strahlend, Stengel und Blätter etwas mehr behaart, letztere meist bloss 1 — 1,5 cm. breit (bei 7—10 cm. Länge). Bei *K. Godeti Reut.* (K. longifolia Aut. helv. p. non Koch) aus dem schweizer. Jura, sind die Blätter nicht breiter, aber bedeutend länger (14 mal so lang als breit), übrigens die Kahlheit des ganzen Krautes viel augenfälliger, der Stengel gestreckter (70 cm.), die Köpfchen kleiner (kaum 3 cm.) kaum strahlend, und die flaumig-steifhaarige Bekleidung der Köpfchenstiele durchaus drüsenlos, wodurch sie von der südtirolischen *K. Kochii m.* (K. longifolia Koch non Aut.) abweicht, welche durch ihre drüsig-klebrigen Köpfchenstiele und grösseren gestrahlten Köpfchen sich der *K. Sendtneri* weit mehr nähert.

66. Knautia arvensis Coult. var. alpestris m. Stengel robust, 50—60 cm. hoch, 1-köpfig, an der Basis steifhaarig, oberwärts sammt Köpfchenstiel dicht mit kurzen Flaum- und spärlichen Drüsenhaaren und mit untermischten längern borstenähnlichen besetzt, Stengelblätter ziemlich kahl, am Rande und Rückennerv kurzhaarig, etwäs lederig, weniger tief fieder-spaltig und breiter, kürzer gestielt, fast sitzend, Blüthen lila-blau, randständige bedeutend grösser (strahlend), Köpfchen sehr gross (4—5 cm. breit), Hüllblättchen zugespitzt. Diese auffällige Alpenform beobachtete ich in Bergwiesen am Heinzenberg (bei den Maiensässen von Flerden, 1500—1600 m.) in der ersten Decade des Juli blühend. Aehnlich in Tavetsch (Tschamut 1640), Bergün (Latsch 1600 m.), Davos etc., aber nicht mehr

7

im Ober-Engadin. Wird hiemit einer weitern Beobachtung empfohlen.

67. Valeriana versifolia m. (*V. sambucifolia*, Fl. Cur. 64, *var. ambigua Brgg.* O. Rh. msc. et miss.).

Zwischen *V. officin.* L. und *V. sambucifol. Mik.* schwankende subspecies, die letztere in der montanen und subalpinen Region (1200—2000 m.) unserer Alpen ersetzend. Stengel 40—80 cm. hoch, röhrig-hohl, leicht gefurcht, kahl oder flaumig; Grund- und untere Stengelblätter ziemlich kahl, mit schwachem Fettglanz, 4 - 7-paarig gefiedert (meist 5—6, seltener 4 oder 7, nur ausnahmsweise 3 oder 8 Paare), Fiedern schief-eiförmig-länglich bis länglich-lanzettlich und lanzettlich, entfernt gezähnt- oder gekerbtgesägt, oder seicht bis kaum gesägt und ganzrandig, unpaariges Endblättchen etwas grösser; Trugdolde ziemlich gedrungen, Blumenkr. röthlich, 5 mm. lang, Saum 4 mm. breit, Frucht flaumig, 3—3,5 mm. lang, 1,5 mm. breit, Borsten dez Pappus 6—7 mm. l. zurückgekrümmt. Dies ist die herrschende Form im Ober- und Unter-Engadin, Ober-Bergell, Avers, Davos, Klosters, Churwalden, Tschappina, Safien etc., wo ausserdem der Typus officinalis gar nicht oder nur stellenweise durch die subspec. *angustifolia Tausch.* vertreten ist. Ich beobachte sie hier und auch in Vorarlberg (um Schröcken: Achtobel, Heimboden, Oberboden, Farnberg, 1300 – 1600 m.) schon seit 1853 und halte sie für eine der vorgenannten gleichwerthige subspecies, die man logischerweise unmöglich mit V. officin. oder sambucifol. vereinigen kann, so lange man die letzteren trennt. *V. sambucifolia Mik.*, die ich bei Innsbruck, im Oberinnthal b. Ried, Pfunds, Finstermünz, dann bei Martins-

bruck, in Vorarlberg bei St. Gerold und Thüringen, bei
St. Gallen, Zürich, Altorf etc. (niemals über 1000 m.)
vielfach beobachtet habe, machte in tieferen Regionen auf
mich immer den Eindruck einer guten subspecies. *V. ver-*
sifolia blüht in der Region von 1250—1450 m. bereits
in der dritten Decade Juni, bei 1450—1600 m. in der
ersten Decade Juli und steht bei 1800—1900 m. in der
dritten Decade August schon theilweise in Frucht, während
V. officinal. bei Chur (in 700 m. Höhe und bei S.-W.
Exposition an der Halde) erst zu Anfang Juli zu blühen
beginnt, so dass erstere mit der *sambucifol.* also auch die
frühere Blüthezeit gemein hat.

68. **Valeriana ambigua Gren.** (*V. montana* $\times$ *trip-
tris f. supermontana*). Vom Aussehen einer *V. montana*
mit sämmtlich oder theilweise 3-zähligen mittleren Stengelblättern, Stengel 30 — 35 cm. hoch, einfach, sammt den
Blättern und Blüthenstielen kurz-flaumhaarig; Blätter glanzlos, ziemlich zart und weich (bald welkend, im Gegensatz
zu den etwas glänzenden, ziemlich derben der *V. mont.*),
grundständige und untere eiförmig bis schwach-herzförmig,
sammt den mittleren ziemlich lang gestielt, oberste fast
sitzend ei-lanzettl. oder lanzettl., alle schwach ausgeschweift-
gezähnt oder -gezähnelt bis fast ganzrandig; Blüthenstand
lockerer und mehr ausgebreitet als bei *V. mont.*, Deckblättchen lineal, Blüthen zwitterig, Narbe 3-zähnig, Krone
rosen- bis fleischroth, 4 — 5 mm. lang (Saum 3 — 4 mm.
br.), Blüthenstiele weiss-flaumig (nicht rostfarbig, wie sie
Wahlenb. helv. 37 der *V. mont.* zuschreibt), Wurzel
geruchlos.

Diese interessante Zwischenform wurde 1884 von Frl. Marie v. Gugelberg auf der Luziensteig entdeckt, wo sie am Guscha-Weg, nicht weit über der Festung, im Gebüsch in einer Gegend wo *V. mont.* und *V. tripteris* in grosser Menge und dicht bei einander wachsen, vereinzelt unter ächter *V. mont.* gegen Ende Mai wie diese in voller Blüthe stand, während *V. tripteris* dicht daneben schon im Verblühen war. Die Entdeckerin hatte die Freundlichkeit, mir am 26. Mai 1885 die frisch gesammelte Pflanze in mehreren vollständigen Exemplaren nebst werthvollen Notizen zu übersenden, worin sie u. a. bemerkt: „Ich habe sehr lange gesucht, bis ich endlich in einer Vertiefung beiliegende Pflanzen gefunden und zwar so gemischt mit *V. montana*, dass ich nicht herausfinden konnte, welche Triebe zum einen Stock gehört oder zum anderen. Wie Sie bemerken werden, hat das eine Exemplar ein einziges Blatt mit Zipfeln, die übrigen sind alle ungetheilt wie bei *V. mont.* Das getrocknete Exemplar habe ich voriges Jahr gefunden, jedenfalls in der Nähe der diesjährigen Fundstelle; ich fand sie auch nur dadurch heraus, dass ich bei jeder Pflanze Blatt für Blatt untersuchte"... Trotz dieser grossen habituellen Aehnlichkeit mit *V. mont.* zeigt jedoch *V. ambigua* nicht nur in der Theilung der Blätter, sondern auch in Form, Berandung, Behaarung und Consistenz derselben, sowie in Stellung und Grösse der Blüthen, Brakteen, Narbenform etc. so zahlreiche Anklänge an *V. tripteris*, dass man den Gedanken an eine entferntere Einwirkung durch den Pollen der letzteren kaum zurückweisen kann, da ja auch die Vorkommensverhältnisse durchaus für den hybriden Ursprung der Zwischenform (aus *V. mont.* ♀ durch *V. tript.* ☿) sprechen.

69. **Polygonum rhaeticum** Brgg. (*P. Bistorta* × *vivi-parum, Fl. Cur.* 63, J.-B. XXIV No. 269, Focke, Pfl. Mischl. p. 348, v. D. Torre Alpfl. 193). Wo die in unsern Alpenthälern sehr verbreiteten und häufigen, aber meist durch den Standort getrennten Stammarten (wovon *Bistorta* fette oder feuchte Wiesen der Berg- und Voralpen-Reg., *viviparum* magere Wiesen und trockene Waiden der Alpen- und Voralpen-Reg. bevorzugt) etwa einmal zusammentreffen und gesellig neben- oder untereinander wachsen, wie das auf subalpinen Riedwiesen bei 1500 bis 1700 m. bisweilen der Fall ist, da finden sich vereinzelt oder gruppenweise unter denselben zerstreut Zwischenformen, die man sonst vergeblich sucht. So im Ober-Engadin auf der unteren Thalstufe (Samaden-Scanfs) zwischen dem Inn und der rechten Thallehne, im Davoser-Oberschnitt in den sumpfigen Thalwiesen am Landwasser (zwischen Platz und Dörfli). Hier finden sich Formen, die eine ganze Reihe von Uebergängen von P. Bistorta zu P. viviparum darstellen, deren Artenrecht doch noch Niemand in Zweifel gezogen hat; wegen ihres relativ seltenen und an die Gegenwart der Stammarten gebundenen Vorkommens müssen es wohl Hybride sein, wofür ich sie schon beim ersten Auffinden am 1. Juli 1857 angesprochen und darnach mit dem Namen P. rhaeticum belegt habe. In Grösse, Statur (30—40 cm. hoch) und Blüthenfarbe hält der Bastard die Mitte zwischen den Stammarten, während im Uebrigen seine Formen weit auseinander gehen, aber sich um zwei Haupttypen gruppiren lassen: a) P. *Davosianum m.*, die forma *super-Bistorta*, welche in der Blüthensphäre dem P. Bistorta weit näher steht, und b) P. *Engadinense m.*, die

forma *sub-Bistorta*, welche hierin dem P. viviparum mehr
gleicht. Beide haben völlig kahle Blätter, deutlich gestielte
Blüthen (Perigon 3,5 — 4 mm. lang), mit hervorstehenden
Staubgefässen, mehr oder weniger zahlreiche Brutzwiebeln
(diese auffallend gross, 5 — 6 mm. l., 2 - 3 mm. br.) im
unteren Theile der meist verlängerten Aehre (nur bei der
Form a) bisweilen zwiebelfrei und dann gedrungener),
schwarze glänzende dreikantige Saamen (2 mm. l., 1,3
mm. br.); Grundblätter und untere Stengelblätter grösser,
gestielt, länglich-eiförmig bis länglich, stumpflich oder spitzlich, am Grunde abgerundet oder in den Blattstiel zusammengezogen, dieser kaum halbgeflügelt (bei a) oder ung. flügelt
(bei b), obere sitzend, länglich bis lanzettl., am Rande
etwas umgerollt, schwach-wellig, ausgeschweift fein gekerbt
bis fast ganzrandig. Am auffälligsten ist die Form a),
welche zuerst den Eindruck eines kleinen viviparen P. Bistorta macht, wie es noch nirgends beobachtet wurde.

70. **Polygonum convolvuloides** m. *(P. Convolvulus*
× *dumetorum)*. Stengel 1 m. lang, windend, eckig-gerillt,
glatt, kahl, Aeste kurzhaarig rauh, reichblüthig; Blätter
länglich-herz-pfeilförmig (3 : 5 — 6 cm.), Blüthenstiele kürzer
als das Fruchtperigon (dieses 4 — 5 mm. l.), über der Mitte
gegliedert; die drei äusseren Perigeronzipfel spitz-gekielt
bis schmal häutig-geflügelt, Flügel am Stiel herablaufend;
Nüsschen schwach glänzend (unter der Loupe), fein runz-
lich gestrichelt; Perigon grün, am Rande weiss, Antheren
röthlich. Diese höchst wahrscheinlich hybride Zwischenform
fand sich neuerlich an gebüschreichem Ackerboden in hiesiger Gegend (Chur, Haldenstein) in Gesellschaft der Stammarten, wovon *P. Convolvulus* (mit violetten Antheren) nach

Hegetschweiler zuweilen schwach-geflügelte Perigone zeigen, *P. dumetorum* (mit weissen Antheren) aber nach Anderen, wie z. B. H. Wagner, „vielleicht nur eine üppige Form" des vorigen sein soll, eine Ansicht, welche ich keineswegs theile, die aber wohl auf die oberflächliche Beobachtung auch anderwärts vorkommender scheinbarer Uebergangsformen, wie die oben beschriebene, zurückzuführen sein dürfte.

71. **Rumex rhaeticus m.** (*R. alpinus* X *obtusifolius var. purpureus P. Bryg.,* J.-B. XXIV, No. 266). Grundblätter herzeiförmig, etwa anderthalbmal so lang als breit, mittlere und obere Stengelblätter an der Basis kaum herzförmig, in den Blattstiel zusammengezogen, eiförmig-länglich bis lanzettl., zugespitzt, alle wellig-gekerbt bis ganzrandig, gestielt, Stiel oberseits rinnig und sammt Blattadern, Stengel und Blüthenstand bluthroth überlaufen (wie bei *R. obtusifol. var. purpureus.*); letzterer mit aufrecht-abstehenden Zweigen und ziemlich entfernten Wirteln, daher lockerer und mehr ausgebreitet als bei *R. alpinus*; Fruchtstiele (5—6 mm.) etwa 2 Mal so lang als das Perigon, an der Spitze unter demselben schwach aber deutlich kreiselförmig verdickt; innere Zipfel (Fruchtklappen) aus eiförmiger breiter Basis allmählig verschmälert, fast dreieckig, schwielenlos (nur einzelne Klappen mit schwachen Andeutungen von Callus), ganzrandig oder (seltener) spärlich gekerbt-gezähnelt (P. 3—4 mm. l., 2—3 mm. br.). Reife Samen noch unbekannt. Diese neue Hybride fand ich (Sommer 1875) in der Alp Lauenzug in Hinter-Valzeina bei 1350 m. vereinzelt unter den dort gesellig wachsenden Stammarten, von denen *R. obtusifol. v. purpur.* habituell dem Bastard am

nächsten steht; aber letzterer (*R. rhaeticus*) ist an den schwielenlosen ganzrandigen Fruchtklappen und den rinnenförmigen Blattstielen sofort zu erkennen. Drei Jahre nach meiner ersten Publikation des neuen Bastardes ist derselbe, oder vielmehr eine sehr nahe sehende Zwischenform derselben Stammarten (wovon jedoch R. obtusifolius in der Normalform), durch Hrn. Prof. C. Haussknecht auch am Seebuck auf dem Feldberg im Schwarzwald aufgefunden, sofort als hybrid (*R. alpin.* ✗ *obtusifol.*) erkannt und im Jahre darauf unter dem Namen *R. Mezei Hssk.* (Mitth. d. botan. Ver. f. Gesammt-Thüringen, Jena, 1884, II. 1, p. 60 — 61) publizirt worden. Derselbe scheint von *R.* *rhaeticus* hauptsächlich durch den Mangel der (bei letzterem auf die Stammform R. obtusifol. v. purpur. zurückzuführenden) rothen Färbung von Stengel, Blattstielen und Blattadern, sowie durch die absolut ganzrandigen Klappen verschieden zu sein (auch werden die rinnenförmigen Blattstiele bei Haussk. nicht erwähnt), im Uebrigen aber mit der Bündner Pflanze völlig übereinzustimmen, hat auch wie diese „mehr das Aussehen des R. obtusifolius". Haussknecht will den Bastard ferner am Enzeindaz (Waadt) und am Pilatus (Luzern) gefunden haben; letzterer dürfte aber eher zu *R. rhaeticus* gehören, da nach meinen Erfahrungen in den nördl. Kalkalpen der R. obtusifol. hauptsächlich in der Form *purpureus Poir.* vertreten ist, während er im Innern von Graubünden (ausser in Davos und Rheinwald) kaum in die höheren Regionen ansteigt und hier durch R. alpinus ersetzt wird.

72. **Rumex cordifolius m.** (*R. alpinus* ✗ *arifolius*, J.-B. XXIV, No. 267). Vom Aussehen eines robusten

R. arifolius, dem er in Statur und Blattgrösse gleicht,
aber verschieden: durch den dickeren stark gefurchten
Stengel, viel grössere Blüthen, die längeren braunhäutigen
Scheiden, oberseits rinnenförmigen längeren Blattstiele und
breiteren stumpferen herzförmigen Blattspreiten mit gerundeten (aber etwas spreizenden) Basallappen, welche auch in
Consistenz, Berandung und der stärker hervortretenden
Nervatur an · *R. alpinus* mahnen; Stengel 40 cm. h.,
untere Blattstiele 9 — 11 cm. l., Spreite (7 — 8 : 4 — 5 cm.)
ungefähr anderthalbmal so lang als breit, am Grunde mit
7 — 9 genäherten Nerven, Lappen (1,5 — 2,5 cm. br.) der
unteren Blätter stumpf, der oberen nach aussen etwas zugespitzt; Pflanze zweihäusig; Früchte noch unbekannt. Ich
fand bisher bloss ein männliches Exemplar dieser hybriden
Zwischenform unter den massenhaft beisammen stehenden
Stammarten, Mitte Juli blühend, bei 1360 m. Höhe im
„Grund‟ des Kinzeralpthales (Muottathal) und empfehle
daher dieselbe einer weiteren Beachtung.

73. Thesium (pratense) refractum Brgg. (Fl. Cur.
63, *Th. pratense var. alpestre Brgg.* O. Rh. msc. 1854).
Wurzel vielstengelig, Kraut gelblichgrün, Stengel 15 — 20
cm. lang, etwas zart und hin und her gebogen, aus niederliegender Basis etwa von der Mitte an bogig aufsteigend
und traubig-rispig, Trauben mehr oder weniger einseitig
und aufrecht, etwas gedrängt, fruchttragende Aeste und
Aestchen (besonders die oberen) zurückgebrochen- bis hori-
zontal-abstehend, Blätter lanzett-lineal (bloss 2 mm. br.)
schwach 3-nervig, Brakteen am Rande fein-gesägt-rauh,
ungefähr so lang als die Frucht; Perigon 5- oder 4-zählig,
(bei Silvaplana beobachtete ich 34 % vierzählige Blüthen.)

Sonst wie *Th. pratense*, als dessen Alpenform mir Th. refractum im Ober-Engadin (schon im J. 1853) zuerst auffiel, nachdem ich kurz vorher das erstere um München (wo es z. B. in den Isarauen, bei Mosach und Deining, stellenweise häufig ist) studirt und in seiner Verbreitung von Oberbayern her durch Nord-Tirol dem Laufe des Inns folgend bis in's Unter-Engadin verfolgt hatte. „Scheint die Alpenform von Th. pratense" — schrieb ich damals — „und verhält sich zu diesem gerade so wie *Th. alpinum* zu *Th. tenuifolium* Saut. (der Tiefenform des ersteren). Es könnte und müsste daher *Th. refractum* mit gleichem Rechte consequenterweise von *Th. pratense* unterschieden und (als subspecies) getrennt werden, sowie und solange dies mit Th. tenuifol. geschieht, — wenn ich es nicht vorzöge, die neue Form vorerst weiter zu beobachten und ihre Verbreitung und Beständigkeit zu studiren." Das ist nun seither geschehen und kann ich heute auf 33-jährige Beobachtungen gestützt hierüber Folgendes constatiren. *Th. refractum* ist im östlichen und mittleren Graubünden in der subalpinen und alpinen Region von 1300 — 2300 m. allgemein verbreitet, wo es besonders auf Silikatgestein der Centralpen, auf Triften und auf ungedüngten Bergwiesen bis hoch in die sog. „Heuberge" hinauf als eine eigentliche Charakterpflanze erscheint, während das typische Th. pratense in den tiefern Regionen bei uns selten vorkommt und den Kalkboden bevorzugt. So wächst ersteres im ganzen Engadin (von Tarasp bis Maloja) und dessen Seitenthälern (V. Chiamuera, V. d' Eschia, V. Saluver etc.), in ganz Davos (von den Zügen bis zum Wolfgang), in Arosa, Bergün, Oberhalbstein (Rofna bis Stalla, Flix, Nasseil),

Churwalden (östliche Berge), auf der Lenzerhaide (auf Moränenterrain), in Avers, Schams, Safien, im Oberland etc. auf granitischem und Hornblendegesten, auf Verrucano (Quarzsandstein), Bündnerschiefer (Thon- u. Mergelschiefer), häufig in Gesellschaft von Solidago alpestris, Erigeron Schleicheri Mor., Senecio Doronicum, Hieracium prenanthoides, Campanula barbata und Scheuchzeri, Rhinanthus alpinus f. aristatus, Trifolium alpicolum etc. *Th. refractum* kann demnach zugleich als die Kieselform des kalkholden *Th. pratense* bezeichnet werden.

74. **Thesium tenuifolium Saut. Koch.** *(Sendtn.* Veget. v. Südbay. p. 856; *Brügg.* Phanerog. Fl. v. Gunig. 1867 p. 8; Fl. Cur. 63; *Rhin.* Tab. Fl. d. Schwz. 1869 p. 40, Bull. p. 10, Waldstätt. Gef. Pfl. 1870 p. 113). In den Isarauen bei München zwischen Giesing und Harlaching (510 m.) traf ich (Juni 1852) in Gesellschaft von Dryas octopet., Hutchinsia alp., Aethionema saxat., Linaria alp., Chrysanthemum coronopifol. u. a. Alpenflüchtlingen, die dort auf altem Flusskies zwischen Sanddorn-Gebüsch kleine Kolonien bildeten, auch ein *Thesium* in ziemlicher Anzahl, das ich anfänglich für ein aus den Alpen herabgeschwemmtes und hier in der Ebene etwas verändertes *alpinum* ansah. Indessen wies die Koch'sche Diagnose deutlich auf *Th. tenuifolium Saut.* hin, eine am Ufer der Steyer in Ober-Oesterreich unter analogen Verhältnissen aufgefundene und unter Koch's Aegide (Synops. 1844) vor wenigen Jahren publizirte neue Art aus der Verwandtschaft des Th. alpin. und pratens. Als ich bald darauf Gelegenheit fand, ein von Dr. Sauter selbst bei Steyer gesammeltes Original-Exemplar seiner mit meiner Münchener Pflanze

zu vergleichen, ergab sich in der That eine völlige Ueber-
einstimmung beider. Auf Ferienreisen durch die Alpen von
Bayern, Nord-Tyrol, Vorarlberg und der Ostschweiz nach
Graubünden fand ich mein Münchener Thesium tenuifolium
wiederholt wieder: bei Bad Kreuth 840 m. (von Sendtner
l. c. approbirt), am Achenthaler See (940 m.), am Schadonapass (bei 1300 m. mit anscheinenden Uebergängen zu
alpinum), im Oberinnthal an der Schweizergrenze in der
Innschlucht zwischen Finstermünz und Martinsbruck (1000
bis 1100 m.) und im Taminathal hinter Pfäfers. Später
ergab es sich, dass dieselbe Pflanze im nördlichen, mittleren und westlichen Graubünden von der Ebene bis in die
subalpine Region (von 700—1700 m.) ziemlich verbreitet
und besonders für die zahlreichen, diesem Gebiete eigenthümlichen, Thal- und Felsklausen eine wahre Charakterpflanze ist. Sie wächst immer auf steinigem oder felsigen
Substrat von Kalk, Dolomit, Kalk- oder Mergelschiefer,
und in der Molasse-Schweiz auch auf Mergelsandstein. So
um Chur, Ilanz, Furth, Tiefencastel, Alvaneubad, im Schyn,
Crapp-Sees, zwischen Lugnez und Vals, in den Zügen, bei
Bergün, im Welschtobel etc. Auch am Walensee b. Bättlis,
am Lowerzer See bei Seewen, im Sihlthal unterhalb Iberg
(bei 950 m.), sowie am Uto und Irchel — wo dieselbe
früher schon von Löhr (Enum. 1852) zuerst für die Schweiz
angegeben worden ist — habe ich später diese Form
beobachtet und es wahrscheinlich gemacht, dass jenes Thesium alpin. „mit astiger Rispe", welches s. Z. Trachsel
„zu unterst im Thale" gegen Weissenburg und an der
Aare bei Belp fand, ebenfalls hieher gehören möchte. Darnach scheint die von mir schon a. 1854 ausgesprochene

Ansicht gerechtfertigt: dass nämlich *Th. tenuifolium Saut.*
die Kalk- und Thalform des *Th. alpinum* sei. Von
letzterem unterscheidet sich übrigens das *Th. tenuifolium*
— namentlich wo, was selten zutrifft, die beiden Formen
ohne Uebergänge nahe beieinander stehen, wie bei Tiefencastel (900—1000 m.) — schon auf den ersten Blick
durch einen eigenthümlich zarten fast schwächlichen Habitus,
das dunkelgrüne bald welkende Kraut, die verlängerten
(15—45 cm.) schlaffen, oberwärts rispigen locker-blüthigen
Stengel, mit theilweise (niemals sämmtlich) 5-zähligen Blüthen
und mehr abstehenden, längeren und ziemlich allerseits-
wendigen Fruchtästchen und schmäleren längeren Blättern
— gegenüber dem gelblichgrünen, derberen, steifern, nur
langsam welkenden *Th. alpinum* mit gedrängteren immer
4-zähligen Blüthen.

75. Alnus incana DC. var. alpestris Brgg. (Fl. Cur.
61, *A. glutinosa Geissl.* Fl. v. Davos 1882 p. 43 *non
Gärtn.*, Brgg. i. Bot. C. Bl. 1884 XVII, 10, p. 305
Anm.; *A. engadinensis Brgg.* in.). Die Weisserle, welche
in ganz Graubünden (mit Ausnahme der transalpinen Thäler
der unteren Moesa und Maira) die fehlende Schwarzerle
(A. glutinosa) völlig ersetzt, steigt in unseren Thälern bis
hoch in die subalpine Region, und übersteigt im Engadin
sogar ihre obere Grenze. Während sie in den bayrischen
(nach Sendtner), wie auch in den nördlichen Kalkalpen der
Ostschweiz (Sihlthal: Trosenhöhe), sowie ferner im Prätigau
(Klosters), Schanfigg (Langwies), Churwalden, Tavetsch (Se-
drun), bei 1400 m. zurückbleibt und hier schon gewöhnlich
von der bis hoch in die Alpenregion aufsteigenden Grün-
erle oder Droossel (A. viridis DC.) abgelöst wird, geht sie

auf Davos, in Bergün, im Münsterthal, oberen Bergell, Rheinwald, auf Tschappina bis oder etwas über 1500 m., im hinteren Safien (Camana) und Unter-Engadin (V. Tasna) bis 1650 m., in Vrin (Vanescha) bis 1700 m. und ist endlich noch im ganzen Ober-Engadin von 1650—1850 m. (St. Moritz wild, Sils-Maria in Gärten) verbreitet. In der oberen subalpinen Region (über 1500 m.), wie in Davos und namentlich im Engadin, hat sie sich nun zu einer Alpenform von so prägnantem eigenthümlichen Aussehen entwickelt, dass man wohl geneigt sein könnte, sie für eine besondere Art oder subspecies anzusprechen (wie sie denn O. Geissler in seinem Schriftchen über Davos in der That für A. glutinosa genommen hat), wenn sie mit der Hauptform nicht durch allerlei, in der montanen und unteren subalpinen Region vorkommende, Uebergänge verbunden wäre. Diese Alpenform ist ausgezeichnet: durch kleinere steifere, oberseits etwas glänzende, unterseits blassgrüne bis bläulichgrüne, zuletzt fast kahle, kleiner und schärfer gesägte, relativ breitere und stumpfere Blätter, kleinere Fruchtzapfen (8—15 mm. l., 7 - 10 mm. br.) und Nüsschen (2,2 — 2,8 mm. l., 2—2,2 mm. br.)*); die Blätter sind 3—5 (selten 6) cm. lang, 2—4,5 (selten 5) cm. breit, rundlich, rundlich-oval, bis oval oder elliptisch, stumpf oder kurz spitzlich bis spitz, kleinlappig, Lappen gerundet oder spitzeckig, unterseits auf den Nerven flaumig, dazwischen kahl oder fast kahl, Seitennerven gewöhnlich 6 — 8 (selten 5—9) Paare. Wenn auch meist strauchig, so wird sie doch nicht selten baumartig und bildet bis-

---

*) Die Fruchtzapfen der A. incana von Genf finde ich 15—20 mm. l., 10 mm. br., die Nüsschen 3 mm. lang und breit.

weilen stattliche (10—15 m.) hohe Bäume von 30—45 cm. Stammesdicke, so z. B. am Davoser Landwasser bei Frauenkirch und Glaris, am alten Innbett im Ober-Engadin bei Ponte und der „Au", die davon von Alters her den ladinischen Namen *allas Agnas* (ad alnos) führt und als Gerichts- und Landsgemeindeort an der Grenze der beiden Gerichte Ober- und Unter-Fontanamerla (Amselbrunnen) Jahrhunderte lang eine grosse Bedeutung hatte.

Nahe der Polargrenze in Finnland (nördlich vom 61°) und Lappland tritt *A. incana* in der ähnlichen Parallelform *var. borealis Norrl.* auf, welche nach J. P. Norrlin (Bidrag till sydöstra Tavastlands Flora, Not. pr. Faun. et Fl. Fenn. 1871 p. 151) von der Hauptform „durch kleinere dünnere, unterseits fast grüne, meist stumpfe oder kurzbespitzte, feingesägte Blätter" verschieden ist und in diesen nördlichen Gegenden, wie wahrscheinlich in ganz Lappmarken, jene ersetzt; derselbe weist nach, dass diese nordische Form von namhaften skandinavischen Botanikern und Floristen, wie Hartman, Fellman, Andersson, für *A. pubescens* Tausch. (bekanntlich eine hybride *A. incana* χ *glutinosa*, Brgg. J.-B. XXIV No. 272) genommen und daraufhin letztere auch vom Monographen Regel (der sie doch ebenfalls für einen Bastard hält) als in Lappland wachsend aufgeführt worden sei, obwohl *A. glutinosa* dort nicht vorkomme und gewiss noch viel weniger *A.* pubescens; was Norrlin unter diesem Namen von dorther sah, war Alles *A. incana v. borealis.*

76. **Salix arbusculoides** m. (*S. arbuscula* χ *caesia Brgg.*, J.-B. XXIV, No. 301). Kleiner knorrig-ästiger Strauch mit gänzlich kahlen, etwas glänzenden, braunen

oder gelblichbraunen Zweigen, Blätter elliptisch oder länglich bis lanzett, ältere 15—25 : 5—9 mm., jüngere 10
bis 15 : 3—7 mm., letztere unterseits (besonders an Nerven
und Rand) spärlich seidenhaarig, erstere völlig kahl, oberseits dunkelgrün bis schwach bläulichgrün, meist etwas
glänzend oder matt, unterseits blässer und bläulichgrün, in
der Mitte entfernt-drüsig-gesägt, gegen die beiden zuge-
spitzten Enden oder auch (theilweise, besonders die jüngeren)
völlig ganzrandig oder mit sehr spärlichen entfernten undeutlichen Kerbzähnchen, am Rande schwach umgerollt, bisweilen steiflich; ♀ Blüthen- und Fruchtkätzchen 15—35
mm. l. mit kurzem (3—5 mm.) beblättertem Stiel, Schuppen
an der Spitze braun, kurzhaarig, dicht bewimpert, Fruchtknoten sehr kurz gestielt, graulich-weissfilzig oder (sammt
Spindel) kurzhaarig-filzig, Griffel mittellang, rothbraun oder
gelb, im oberen Drittel zweispaltig, Narben 2-lappig, ausgerandet oder ganzrandig, ♂ Blüthenkätzchen 15—19 mm.
l. (5 mm. br.), Antheren gelbbraun; auch sterile Sträucher
sind noch an den völlig oder theilweise ganzrandigen Blättern
von abweichender, etwas an *S. caesia* mahnender Färbung
von der übrigens sehr ähnlichen *S. arbuscula* zu unterscheiden; Früchte häufig verkümmert oder abortirend. Ich
beobachtete und unterschied diesen Bastard zuerst 1877
bloss im sterilen Zustande im Ober-Engadin zwischen Camo-
gask und Bevers (1700 m.) einzeln unter den Stammarten,
später (1882) fand er sich auch in Sertig auf Davos
(1850 m.) in Blüthen- und Fruchtexemplaren. Ein analoger
Bastard zwischen *S. arbusc.* ♀ und *S. purpurea* ♂ ist
s. Z. im Breslauer bot. Garten von Wichura durch künstliche Bestäubung erzeugt worden.

77. Salix Davosiana m. *(S. caesia* × *hastata,* J.-B. XXIV, No. 300, *forma subhastata).* Während die am Inn zwischen Scanfs und Bevers im Ober-Engadin von Prof. Dr. Huguenin und mir beobachteten Bastarde zwischen denselben Stammarten (wovon jedoch S. hast. dort in der grösseren Centralalpenform, welche von Heer selbst als *S. Hegetschweileri* Hr. bestimmt wurde, aber nach Jäggi identisch ist mit *hast. var. vegeta Anderss.)* theils, besonders in den Früchten, der S. hast. var. näher stehen oder theils zwischen beiden ungefähr die Mitte halten, gleicht die Davoser Pflanze dagegen, namentlich wegen der kleineren ♀ Kätzchen, weit mehr der *S. caesia* und stellt also die f. *subhastata* dar, im Gegensatze zu jenen von mir früher als *S. Huguenini* (J.-B. XXV, p. 104) beschriebenen *superhastata*-Formen „mit den langgestielten grösseren (bis 6 cm. l.) ♀ Kätzchen der S. hast." *Salix Davosiana* wurde von Herrn A. Rzewuski, Mitglied der Section „Rhætia" S. A. C., 1882 in Sertig beim Wasserfall (ca. 1850 m.) entdeckt und mir zur Bestimmung vorgelegt. Ihre ♀ Kätzchen sind sammt Stiel bloss 2 — 3 cm. lang (wovon die Hälfte auf den Stiel kommt), die Fruchtknoten kahl, die Griffel kürzer und an der Spitze oder völlig sammt den Narben roth; die Früchte abortiren grösstentheils. Die ♂ Kätzchen ebenfalls 2 — 3,3 cm. (wovon 5 8 mm. auf den beblätterten Stiel fallen, Antheren röthlichgelb oder gelb, Staubfäden ganz frei. Rinde der Zweige braunpurpurn bis gelblichbraun. Blätter länglich-verkehrt-eiförmig, elliptisch-eiförmig oder länglich, höchstens 3 mal so lang als breit (15 — 30 : 6 — 18 mm.), in der Mitte deutlich aber entfernt gesägt oder gezähnelt, gegen die Basis und Spitze

ganzrandig, theilweise (kleinere, jüngere) auch völlig ganzrandig. Das Uebrige wie bei *S. Huguenini.* — Die
Bastarde *S. caesia* ✕ *hastata* (meine No. 300) und *S.
caesia* ✕ *nigricans) (S. Heeriana Brgg.*, No. 299), ferner
S. arbusc. ✕ *helvetica* (meine No. 296) und *S. hastata*
✕ *helvetica* (meine No. 295) sind seit dem Erscheinen
meiner ersten Aufzählung wildwachsender Pflanzenbastarde
(J.-B. XXIV, 1880), nunmehr auch von Herrn C. Buser
an den von mir bezeichneten Fundorten im Ober-Engadin
aufgefunden und als solche anerkannt worden.*)

78. **Salix subcaesia m.** *(S. caesia* ✕ *purpurea Brgg.*,
J.-B. XXV, No. 395, p. 60). Strauch von der Statur
und dem Colorit der *S. caesia*, aber mit den schlankern
bis 45 cm. langen purpurnen Zweigen, den schmälern
Blättern, den schlankern, weiss und schwarz gescheckten
(jungen) Kätzchen ähnlich der *S. purpurea.* Blätter lanzett
bis länglich-lanzett, 4 — 6 (meist 5) mal so lang als breit
(25 — 45 : 5 — 9 mm.), sämmtlich durchaus spitz, vorn
etwas breiter und mehr oder weniger deutlich entfernt-fein-
gesägt oder (besonders kleinere) völlig ganzrandig, immer
ganz kahl, am schmal-durchscheinenden (pergamentenen)
Rande schwach umgerollt, kurz gestielt; Colorit, Nervatur
und seitliche Anastomosen ganz ähnlich denen der *S. caesia*
(glanzlos, unbereift, beim Trocknen nicht schwarz werdend);
Rinde der jüngeren Zweige dunkel-purpurroth bis braun;
♀ Blüthenkätzchen gleichzeitig mit oder nach der Belaubung
erscheinend, auf kurzen beblätterten Stielen, länglich-cylin-

*) Compte-rendu de la Soc. Helv. d. sc. nat., Aarau, 9. August
1881 p. 79, wo jedoch keine Beschreibung gegeben und die Priorität
meiner Publikation ignorirt wird.

drisch, 3 — 4 mal so lang als breit (12 - 15 : 4 mm.,
Stiel 4 — 5 mm.), Schuppen an der Spitze schwarzbraun,
etwas kürzer als die weissfilzigen Fruchtknoten, Griffel mittellang bis kurz, aber immer deutlich hervortretend und sammt
den eiförmigen nicht ausgerandeten Narben dunkelroth;
⚥ Kätzchen noch unbekannt; Blüthezeit (bei 1700 m. Höhe)
in der dritten Decade des Juni.

Trotz der Häufigkeit der beiden Stammarten in der
Thalsohle des ganzen Ober-Engadins ist dieser neue Bastard
doch einer der seltensten; ich fand einen einzigen Busch
von ca. 4 m. Umfang und 50 - 60 cm. Höhe zuerst anno
1881 in der Au (allas Agnas) zwischen Bevers und Ponte,
damals (im August) leider im sterilen Zustande, so dass
sich meine Diagnose bloss auf Wuchs, Colorit und Laub-
werk stützen konnte; im Sommer 1884 sah ich ihn wieder
in demselben Zustande, doch beträchtlich (bis zu 1 m. Höhe)
herangewachsen; ich wies ihn Hrn. Lehrer K r ä t t l i , der
nun im folgenden Jahre so glücklich war, ihn blühen zu
sehen, und mir Blüthenzweige verschaffte, deren Merkmale
die anfänglich diagnostizirte Zwischenstellung vollkommen
besätigten. Unmittelbar daneben steht viel *S. caesia* und nicht
weit davon *S. purpurea;* allein obwohl diese beiden so
ausgezeichneten Arten in jener Gegend fast in jeder Gebüsch-
gruppe massenhaft beisammen stecken, suchte ich Tage
lang vergeblich nach weiteren Vorkommnissen der *S. subcaesia;* die verschiedene, etwa um 1 Monat auseinander
gehende, Blüthezeit der Stammarten dürfte wohl das grösste
Hinderniss ihrer Kreuzung bilden.

79. **Polygonatum hybridum m.** (*P. officinale* $\times$ *multiflorum* *Brgg.,* J.-B. XXIV, No. 313). Stengel kantig,

über fusshoch, achselständige Blüthen einzeln oder gezweit;
ihre Stiele kahl, 10—15 mm. lang; Blätter 8—9 cm. l.,
3—4 cm. br., oberseits etwas glänzend, unterseits blaugrün, kahl, weicher als bei *P. offic.*; Perigon enger
röhrig-trichterig, nicht bauchig, 17—20 mm. l., oben
6 mm. br. (unten bloss 1,5), Zähne des Saumes länglich-
eirund abstehend, an der Spitze gebartet oder auch kahl;
Staubfäden behaart, über der Mitte der P.-Röhre eingefügt,
gut halb so lang wie die Antheren (1,2 — 1,5 : 2 mm.).
Diese in der Inflorescenz, Stengel- und Blattform dem
P. officin. näher stehende, dagegen in den Blüthentheilen
entschieden auf *P. multifl.* hinweisende Zwischenform (f. *submultiflora*) wächst mit den Stammarten an der Landquart
bei Schiers (Prätigau). *P. multiflorum* aus derselben Gegend
hat 15—16 mm. lange, oben 4,5—6 mm. (unten noch
2—3 mm.) breite Perigone mit eirunden innen bis zur
Spitze bartig behaarten Zähnen, 2—2,3 mm. l. Antheren
und zottige bloss 0,5—1 mm. l. Filamente, während *P.
officin.* kahle 4—4,5 mm. l. Filamente und 3—4 mm. l.
Antheren, 18—24 mm. l. und 7—9 mm. br. Perigone
mit kahlen Zähnen besitzt.

80. **Polygonatum intermedium** (*Convallaria interm.*
v. Bönningh. in *Rchb.* fl. exc. No. 675 add.), eine der vorigen
nahe stehende, nach Reichenbach vermuthlich ebenfalls
hybride, Zwischenform derselben Stammarten aus Westphalen
unterscheidet sich von *P. hybridum:* durch den rundlichen
Stengel, höheren Wuchs und die dem P. offic. näher stehenden
Blüthen. Eine dieser, nach der von Reichenbach l. c.
gegebenen kurzen Beschreibung zu urtheilen, völlig ent-
sprechende Pflanze „vom Habitus des *P. multiflor.* mit

den Blüthen des *P. offic.*" (so charakterisirt Jacquin seine *Convall. latifolia,**) eine übrigens völlig verschiedene gute species des südöstl. Europa), welche daher leicht zu Verwechslungen führen konnte, fand sich s. Z. neben P. officin. und P. latifol. im botan. Garten zu Zürich (ohne Etiquette) vor, wohin sie vielleicht aus der Umgegend gelangt war. Die blühende Pflanze wurde im Juni 1870 von mir untersucht und zeigte folgende Charaktere: „Stengel stielrund, 80 cm. hoch, Blätter (10—11 : 8 cm.) breit-elliptisch, stumpflich, am Rande schärflich, derber und stärker nervig, auch oberseits heller grün als die von P. multiflor., unterseits blaugrün, wie die ganze Pflanze völlig kahl; Inflorescenz 1—3-blüthig, Perigon röhrig-walzlich in der Mitte bauchig, 16—18 mm. l. (unten 2—3 mm. br.), Zähne des Saumes eiförmig an der Spitze gebartet, äussere abstehend, Filamente sowie die Innenseite der Röhre (über deren Mitte sie eingefügt) völlig kahl, ungefähr halb so lang wie die Antheren (2—2,5 : 4—3,5 mm.)." Also die forma *supermultiflora* der Combination *P. offic.* X *multifl.*

81. **Allium oleraceum L. var. alpestre m.** *(A. Scorodoprasum Aut. non L., A. arenarium Thom.* p. ? ex *Mor.* Pfl. Graub. 129). Schmächtige, kleinere, armblüthige, reichlich zwiebeltragende, intensiver gefärbte Alpenform, welche an sonnigen Ackerborden, Feldmauern und felsigen Thallehnen im Ober-Engadin von Zuoz bis St. Moritz 1700

---

*) Die Angabe dieser der Schweiz durchaus fremden Art in „Urschenriedern" pr. Ennenda (Cl. Heer in Wegelin Enum. stirp. fl. helv. 1837 p. 10) und in den „Düschenriedteren" zwischen Ennenda und Mitlödi, Kt. Glarus (in Heg. und Heer's Fl. d. Schwz. 1840, Nachtrag p. 989) dürfte wohl auf Verwechslung mit einer dieser Bastardformen beruhen.

1850 m. häufig vorkommt und vom Juli bis in den September blüht. Stengel 30—35 cm. h., Blätter 2 mm. br. am Rande schärflich, Dolden 6 – 12-blüthig mit zahlreichen Brut-Zwiebelchen, letztere sammt den Blüthen und den (später verbleichenden) Blüthenscheiden mehr oder weniger dunkel purpurroth mit grünlichen Nerven, Staubgef. abwechselnd ungleich lang, alle kürzer als die stumpfen bis abgestutzten Blätter des Perigons (dieses 6—7 mm. l., oben 7—8 mm. br., Stiele 12—15 mm. l.).

82. **Orchis Loreziana Brgg.** *(O. mascula* ⨯ *pallens,* Fl. Cur. 58, J.-B. XXIV, No. 305 p. 118). Zwischenformen von der purpurnen Blüthenfarbe der *O. mascula* *(f. speciosa),* aber mit dem eigenthümlichen intensiven Geruch, der dichteren Aehre und den breiteren stumpferen Blättern der *O. pallens* fand s. Z. Herr Richter Joh. Lorez auf einer Waldwiese am Bizokelberg bei Chur ob dem „Rosenhügel" am 28. Mai in voller Blüthe, in Gesellschaft der beiden nächstverwandten Arten, für deren Kreuzungsprodukt wir die Pflanze schon damals hielten. In der Uebersicht der Flora von Chur 1874 habe ich sie sodann mit dem Namen des Entdeckers belegt, dem unsere Bündner Flora ja so viele andere Bereicherungen zu verdanken hat. Leider scheinen die früher von mir eingesehenen Original-Exemplare seither abhanden gekommen zu sein; denn auf meinen Wunsch nach einer wiederholten Einsicht der von ihm gesammelten Belegstücke antwortete mir Herr Lorez (schon unterm 30./IX 1883) mit folgenden Zeilen: „Die von Ihnen gewünschte Orchis findet sich leider weder in meinem Herbarium noch in meinen Doubletten vor, und es thut mir sehr leid, Ihnen damit nicht

dienen zu können. Ich habe dieser Pflanze scheint's s. Z.
zu wenig Beachtung geschenkt und selbige vielleicht nicht
einmal getrocknet. Meiner Erinnerung nach war die Blüthen-
ähre röthlich, eher gedrungen, Geruch wie bei O. *pallens,*
der Habitus sonst der O. *mascula,* die dort noch häufig
steht; O. *pallens* ist an jener Stelle durch Schlegel'sche
Stadtschüler gänzlich ausgerottet worden." Dieser werthvollen Notiz des Entdeckers habe ich nur noch beizufügen,
dass sich meine Kenntniss, sowie die nach damals gemachten
Notizen oben mitgetheilte Beschreibung des Bastardes ja
nur auf die s. Z. (1854) mir vorgewiesenen getrockneten
Exemplare (nebst mündlichen Mittheilungen) stützen konnte.
Meine Bemühungen die Originalien vielleicht noch in dem
Schlegel'schen Herbar (das nach dem Tode des Besitzers
nach St. Gallen und später nach Basel gekommen ist) aus-
findig zu machen, haben bisher leider ebensowenig zum
Ziele geführt, als weitere Nachforschungen nach dem äusserst seltenen Bastarde an den wenigen noch übrigen Fundorten der O. *pallens* in hiesiger Gegend. Um so erfreu-
licher ist daher die Entdeckung desselben in Thüringen
durch Hrn. Max Schulze in Jena, worüber mir derselbe
(d. 22./IX, 1883) schrieb: „Mir fiel neulich ihre «Flora
Curiensis» in die Hand und ersah ich darin, dass Sie eine
Orchis Loreziana (masc. X *pall.)* aufgestellt haben; auch
ich habe heuer eine solche Hybride gefunden,
und geht nun meine Bitte" u. s. w. Nach Einsendung
meiner Beschreibungen ferner (unter d. 13./X 1883):
„Nach den mir gütigst gegebenen Beschreibungen Ihrer
Orchis Loreziana ist meine Pflanze doch von derselben
etwas abweichend ... Ich hatte das Vergnügen, dieselbe

lebend einigen botanischen Freunden vorlegen zu können, getrocknet hat sie Reichenbach fil., der mich kürzlich besuchte, in Augenschein genommen und (wie an meinen übrigen um Jena gesammelten hybriden Orchideen) Nichts auszusetzen gehabt." Nach der von M. Schulze später („Mitth. d. Geogr. Ges. f. Thüring." II, 1884, 3/4, p. 17) publizirten Beschreibung unterscheidet sich die Jenenser Pflanze — die er *O. Haussknechtii* nennt — von der Churer *O. Loreziana* hauptsächlich: durch stumpfere Perigonblätter und die mit einem gelben dreieckigen Fleck gezeichnete Unterlippe, sowie durch etwas schmälere spitzliche Blätter, während übrigens Geruch, Farbe und Stellung der Blüthen stimmen.

83. **Platanthera (bifolia) subalpina** Brgg. (Fl. Cur. 58). Verkürzte gedrängte armblüthige, derb- und schmalblättrige Wiesen- und Alpenform der gestreckten locker- und reichblüthigen waldbewohnenden *P. bifolia* des Tieflandes, zu welcher sie sich etwa verhält wie Myosotis alpestris zu M. silvatica. *P. subalpina*, eine Charakterpflanze trockener ungedüngter Bergwiesen und Waiden, ist bis hoch über die Waldgrenze in die sog. „Heuberge" hinauf, von 1300 — 2300 m., in ganz Graubünden verbreitet und tiefer unten nur selten auf Riedern und Torfmooren anzutreffen, wo sie schon in der zweiten Decade des Juni, während höher oben (über 1700 m.) erst von der zweiten Hälfte des Juli bis in den August hinein in Blüthe steht. Auch in den Alpen und Vorbergen der nordöstl. Schweiz (z. B. bei Einsiedeln) und von Vorarlberg (Mittelberg im vorderen Walserthal) habe sie beobachtet. Stengel 15—25 cm. h., Aehre 6—12-blüthig (4—6 cm. l.),

gegenständige Grundblätter länglich-lanzettl. (7 — 8 : 2—2,8 cm.) etwa 3—4 mal so lang als breit, spitzlich oder stumpflich; äussere seitliche Perigonbl. abstehend länglich-lanzettl., innere zusammengeneigt lanzettl. zugespitzt, schwach grünlich, Lippe länglich-lineal, 4 — 5 mal so lang als breit (8—10 : 2 — 2,5 mm.), an der Spitze abgerundet-stumpf, Sporn schlank, horizontal, 1½ — 2½ mal so lang (13 bis 21, meist 15 mm.) als der Fruchtknoten, nebst der unteren Hälfte der Lippe in's Grünliche spielend, Fächer der Antheren nach unten ein wenig divergirend. Sonst wie *P. bifolia*, zu welcher es, meines Wissens, keine Uebergänge gibt, wie ich solche von der *P. chlorantha* kenne und als *P. hybrida* (Brgg. J.-B. XXV, p. 107) früher beschrieben habe, ohne zu ahnen, dass dgl. Zwischenformen schon lange vor mir auch von Hermann Müller*) in Westfalen beobachtet und beschrieben, aber nicht als hybride erkannt worden sind, wesshalb derselbe die Ansicht vertritt, „dass P. bifolia und P. chlorantha nicht als verschiedene Arten von einander getrennt gehalten werden können."

84. **Carex (limosa) subalpina Brgg.** (Fl. Cur. 53). Klimatische, nicht hybride Zwischenform von *C. limosa* der Ebene und *C. irrigua Sm.* der Alpen-Region, welche sie in der subalpinen Region von 1400—1900 m. bei uns (auf Davos, der Lenzerhaide, Maloja, Bernina, im Ober-Engadin, Oberhalbstein etc.) völlig ersetzt. Ihre 1 — 2 ♀ Aehrchen sind eiförmig bis länglich, die schmal-linealen Blätter etwas rinnig, am Rande glatt, nur vorne nach der Spitze hin rauh, die Früchte schwach-nervig bis fast glatt.

*) Vgl. Verhandl. d. naturh. Vereins f. preuss. Rheinld. und Westfalen, XXV 1868, S. 37 ff.

Anscheinende Uebergangsformen zu *C. irrigua* beobachtete ich bei 1600 — 1800 m. in den Flumser Alpen (Kt. St. Gallen) und im Oberhalbstein; solche aber „mit ganz rauhen, zwar schmalen aber platten Blättern“, welche den Uebergang zu *C. limosa* darstellen, kannte schon Heer von Davos (in Heg. Fl. d. Schwz. p. 918); derselbe, wie auch Gaudin (fl. helv. VI, 93), v. Hausmann (Fl. v. Tir. p. 935) und neuerdings Garcke (Fl. v. Deutschl. 1885, p. 443) erklären daher *C. irrigua* für die Alpenform der *C. limosa.* In den Bündner Alpen sind aber die Mittelformen weitaus die herrschenden und ungleich häufiger als die äussersten Extreme der Reihe (wovon die typische C. limosa uns fehlt), daher eine Trennung der *C. subalpina* als subspecies mindestens eben so gerechtfertigt erscheint, als die der *C. irrigua.* An den von Moritzi (Pfl. Graub. p. 135) und Heer angeführten Lokalitäten wächst nur *C. subalpina* und weder C. limosa noch C. irrigua; unsere Zwischenformen können daher keine Bastarde sein, wie dergleichen aber nach Focke (Pfl. Mischl. p. 406) im Norden vorzukommen scheinen.

85. **Abies (excelsa) alpestris Brgg.** (J.-B. XVII, p. 154, Fl. Cur. 49; *Pinus Abies medioxima Heer non Nyland.*, Verhandl. d. Schwz. Nat. Gesellsch., Solothurn 1869, p. 70). „In einigen romanischredenden Gegenden Graubündens (Obervatz, Lenz) unterscheidet selbst das Volk diesen Baum unter dem Namen „*aviez selvadi*“ d. h. „wilde Weisstanne“ von der gemeinen Fichte oder Rothtanne („*pign*“), und gerade dieser Umstand führte mich im Jahr 1865 zuerst zu einer näheren Untersuchung und botanischen Unterscheidung dieser Baumform in einer Region (Lenzerhaide 1475 m.), wo an ein Vorkommen der eigentlichen

„aviez" d. h. Weistanne bei uns nicht zu denken war.*) An unsere letztere Art (*Abies pectinata DC.*, Pinus picea L.), und fast noch mehr an die nordamerikanische Weiss- oder Schimmelfichte (*P. alba Mchx.*), erinnert in der That, von weitem betrachtet, die duftige schimmelgrüne (hell bläu- lichgrüne) Färbung des Nadelwerkes, namentlich an den Jungtrieben der A. alpestris, wesshalb ich sie damals auch als *var. alpestris* oder *glaucescens* handschriftlich (auch in Sammlungen, wie H. H.) bezeichnet hatte." Prof. O. Heer, einer der gründlichsten Kenner der fossilen wie der lebenden Coniferen, hat dann im Jahr 1869 bei der Jahresversamm- lung der Schweizer. Naturforsch. Gesellsch. diese „Form mit abgerundeter Schuppe und weisslichem Anflug der Nadeln" besprochen und mit *P. abies var. medioxima Nyl.* identi- fizirt, welche zuerst im Norden beobachtet und dort lange fälschlich für P. orientalis gehalten, aber (1863) von *Nylander* getrennt und seither auch im Engadin und andern Alpen- gegenden beobachtet worden sei. „Dabei stützte sich Heer auf die Materialien, zahlreiche Zweige und Zapfen, welche ich während der Jahre 1865—69 von mehr als einem Duzend Lokalitäten der östlichen Schweizeralpen zusammen- gebracht hatte, die mit nordischen Zapfen verglichen wur- den. Von Landeck im Tirol bis Engstlenalp (am Titlis) im Berner-Oberland und vom Walen- bis zum Comer-See

---

*) Dies wusste mein Bruder, Dr. L. Brügger-Jochberg, sehr gut, als er mich damals bei einem Besuche in seiner Sommer- Villa auf der Lenzerhaide auf eine in der Nähe wachsende Nadel- holzart aufmerksam machte, die die Obervatzer Nachbaren *aviez selradi* nennen, während es doch keine Weisstanne sein könne, die ja selbst im tieferen Churwalden (1200—1300 m.) selten genug vor- komme.

habe ich z. Z. das allgemeine Vorkommen dieser Form in
der Region zwischen 1300—1950 m., vorzugsweise auf
krystallinischer Gebirgsart, für die meisten Thäler durch
eigene Anschauung constatirt." So schrieb ich vor zwölf
Jahren in dieser Zeitschrift, als ich dort jene merkwürdigen
„Krüppelzapfen"-Bildungen dieser Fichtenform besprach
und illustrirte, die seither auch von verschiedenen anderen
Forschern in mehreren Gegenden Graubündens und der
Schweiz, sowie auch Böhmens und Nord-Deutschlands beobachtet worden sind.*) Seither ist mir nun aber die Identität unserer Alpenfichte (alpestris) mit der nordischen oder
sog. „mittelständigen" Fichte (medioxima), welch' letztere
bereits von mehreren Autoritäten (wie A. Murray 1870,
El. Fries, K. Koch 1873) zum Range einer „guten
species" erhoben wird, mehr als zweifelhaft geworden. Heer
hatte, wie mir noch genau erinnerlich ist, zur Vergleichung
einen Zapfen aus dem Norden (angeblich von A. medioxima
Nyl.) durch den befreundeten Prof. Al. Braun in Berlin
erhalten, als er (1869) unsere Alpenform zuerst für identisch mit der *Nylander*'schen *medioxima* erklärte. Es ist
wohl derselbe Zapfen von 7 cm. Länge und 2,8 cm. Dicke,
mit dunkeln (fast violetten) etwas glänzenden, stumpfen
abgerundeten und durchaus ganzrandigen Schuppen, welcher

---

*) Um Johannisbad in Böhmen bei 1000 m. (Prof. Stengel
1881), in Nord-Deutschland (Prof. Al. Braun 1874), vgl. „Jahresb.
d. Schles. Ges. f. Vaterl. Kultur" No. 51, p. 312; ferner im Bann-
wald ob Altorf, Uri, bei Oberried am Brienzer-See, Bern. zwischen
Visp und Birch, Wallis (Mittheil. v. Hrn. Oberforstinsp. J. Coaz
in Bern 1882), um Langwies zahlreich in vielen Waldungen der
Sonnen- und Schattenseite 1400--1600 m. (Hr. Forstadj. O. Steiner
1882), im Somvixerthal und Vall d' Err bei 1490—1700 m. von mir
selber, am Alvier (A. Castelun 1470 m.) v. Hptm. L. Held beobachtet.

sich, nach gefl. Mittheilung von Hrn. Director Jäggi, noch
dermalen im botanischen Museum des Polytechnikums in
Zürich vorfindet, aber die Bezeichnung *P. Schrenkiana
Aut.*[*]) (DC. prodr. p. 415) trägt, während unter dem
Namen medioxima keiner vorhanden ist. Es hat also Heer
die frühere Bestimmung der letzteren später (jedenfalls erst
nach 1870) in die erstere umgeändert, oder aber beide
als synonym genommen, was bei der in der Auffassung
und Umgränzung dieser und einiger nahe verwandten Coni-
feren-Formen aus dem Norden der alten und neuen Welt
auch unter den besten Autoren herrschenden Confusion
gerade nicht unwahrscheinlich wäre. Indessen hat Heer
selbst über seine (frühere) medioxima-Form später Nichts
mehr publizirt und wäre eine nochmalige gründliche Vergleichung von Original-Exemplaren der ächten nordischen
medioxima Nyl. mit unserer Alpenform äusserst wünsch-
bar. Da mir jedoch die Herbeischaffung der ersteren bisher
nicht möglich war, so muss ich mich für einstweilen an
die Beschreibungen (die jetzt ausführlicher als früher vor-
liegen) halten, welche man bei den besten Autoren findet.
Darnach glaube ich nun entschieden, trotz der nahen Verwandtschaft, dennoch auf eine gewisse Verschiedenheit unserer
Alpenfichte von der nordischen schliessen zu dürfen und
beide als analoge Formen desselben Grund-Typus auffassen
zu sollen, wie etwa bei Alnus incana die Formen alpestris

---

*) Nach dem „Arboretum Muscav." 1864 p. 696 synonym
mit *A. oborata Lond.* = *A. Ajanensis Lindl.*, diese nach Parlatore
in DC. prodr. p. 414 = *P. orientalis L.*, während K. Koch Dendrol.
'1873 p. 239 letztere trennt von *A. Ajanens.* = *A. Sitchensis Koch*
p. 247, dagegen *A. oborata* p. 238 zu den *carr.* der *A. excelsa* zieht
und die *P. Schrenkiana* nicht einmal als Synonym kennt.

und borealis. Doch habe ich bei fortgesetztem Studium unserer Alpenfichte, ausser in Zapfen und Colorit, noch eine ganze Reihe weiterer Unterscheidungsmerkmale (am Stamm, Nadelwerk, den Zweigen, Blüthenkätzchen) gegenüber der gemeinen Fichte gefunden, ohne dass deutliche Uebergänge zu beobachten waren, so dass ich es für vollkommen gerechtfertigt erachte, *Abies alpestris* als eine besondere subspecies von *A. excelsa* zu trennen, wofür hier mindestens ebensoviele Gründe sprechen als z. B. bei den zahlreichen Formen der Bergföhre (Pinus montana Mill.).

Wo beide Formen nahe beisammen oder durch einander stehen, wie das um Parpan und auf der Haide bei 1370 bis 1600 m. ganz gewöhnlich der Fall ist, da erkennt man die *Alpenfichte* schon von Weitem an dem gedrungeneren Habitus, dem steiferen starren Gezweige, dem graulich- oder bläulichweissen Duft oder Reif des Nadelwerkes, besonders der Jungtriebe, und der weisslichgrauen Borke des Stammes, wodurch sie wirklich im Ganzen mehr an die Weisstanne mahnt als an die *Rothtanne* (mit ihrer rothbraunen Borke, ihren schlankeren mehr hängenden Zweigen und ihrem duftlosen dunkelgrünen Nadelwerk). Bei näherer Betrachtung und genauer Vergleichung ergeben sich überdies nachfolgende Unterschiede.

A. alpestris : junge Triebe sammethaarig (dicht kurzhaarig), Zweige und Nadeln steifer dicker, letztere fast rechtwinklig abstehend, einwärts-gekrümmt und an älteren Zweigen fast einerseitswendig; Nadeln kürzer (15—18 mm. l.) und deutlicher vierkantig (mit rhombischem Querschnitt), weniger zugespitzt, stumpflich oder spitzlich, kaum stechend, getrocknet ölgrün bis gelblichgrün; Blüthenkätzchen heller,

weisslich, etwa um ⅓ kürzer, ♂ mit schwächer und seichter
gezähnelten Schuppen, ♀ Kätzchen 4 cm. l.; Fruchtzapfen
ca. ⅓ kürzer (7,5 — 12,5 cm. l.), Schuppen vorne abgerundet und ganzrandig.

A. excelsa: Zweige kahl oder kaum schwach - flaumig,
Nadeln länger (15 — 25 mm.), mehr zusammengedrückt
(Querschnitt länglich-lanzettl.), mehr zugespitzt, stachelspitz
und stechend, auch getrocknet dunkelgrün; Blüthenkätzchen
roth, ⅓ länger, ♀ 5 — 6 mm. l., Fruchtzapfen ebenfalls
grösser, 12 — 16 mm. l., Schuppen rhombisch-keilförmig,
gestutzt oder ausgerandet und gezähnelt.

In der Umgebung des Kurortes St. Bernhardin (V.
Misocco) bei 1600 — 1800 m., wo *Abies alpestris* (wie
um Parpan) die herrschende Baumart ist, habe ich an
frisch gefällten Stämmen von 35 cm. Dicke ca. 100
Jahresringe, und an solchen von 75 cm. Dicke 150 bis
160 Jahresringe gezählt. „Dass das Holz unserer *Alpenfichte,* wohl wegen der grösseren Dichtigkeit und Gleich-
mässigkeit der Jahresringe, eigenthümliche technische Eigen-
schaften besitze, schliesse ich sowohl aus den Aeusserungen
inländischer Schreiner, als aus den Erfahrungen renomirter
Pianoforte-Fabrikanten (Sprecher) in Zürich, denen die Alpen-
fichten von Davos und Schanfigg schon vortreffliches Resonanz-
holz geliefert haben." (Brgg. l. c.) Dies hat offenbar
schon der alte treffliche J. J. Scheuchzer*) gewusst,

*) „Natur-Geschichten des Schweizerlandes," Zürich 1705, No. 16
v. 27. Mai, S. 64; Itin. alpin., Lugd. 1723, I, p. 120: „Quod in sylvis
Glaronensis ditionis editioribus crescit *Abietis rubrae lignum (,,Hoch-
wälder Holz"* nostrates vocant) levius est, porosius, operibus quibusvis
scrinariis, praesertim musicalibus aptius; circuli, quos annos vulgo
vocant, sunt arctiores, ut ejusdem aetatis ligna Glaronensia angustiores
sint diametri, latioris nostra."

wenn er (also vor 180 Jahren!) schreibt: . . . „Ist sich nicht zu verwundern, dass die Berg-Bäume gemeinlich ein weit dauerhafter und milder Holz haben, als andere, so in den Thälern, oder sonst niedrigen Landen, wachsen. Dies gewahren unsere Handwerksleute, welche mit dem Holz umgehen. Im Glarnerland unterscheidet man alles Bauholz in das Hoch- und Niederwälder, und wird jenes als das dauerhaftere mehrentheils zu hölzernen Häusern gebraucht. Unsere Schreiner zeuhen dem gemeinen bei uns wachsenden *rothtanninen* Holz vor das sog. „*Hochwälder-Holz*", so ihnen aus denen hohen Wäldern des Glarnerlands zukommt, weilen dies leichter, luftiger, von engeren Jahren, folglich zu allerhand, sonderlich Resonanz-Böden, und anderer der Musik dienender Schreiner-Arbeit bequemer."...

86. **Pinus rhaetica Brgg.** (*P. montana* $\times$ *sylvestris*, Brgg. litt. ad Christ cf. „*Flora*" bot. Ztg. 1864, No. 10 p. 150; *Fl. Cur.* 49; J.-B. XXIV, No. 345; Focke Pfl. Mischl. p. 419; D. Torre*) Alpfl. p. 201). Mit dem Namen *P. rhaetica* bezeichnete ich ursprünglich (brieflich an Dr. Christ) die im Walde Plaungood b. Samaden (1800 m.) von mir zuerst beobachteten, dann 1860 − 63 an Prof. O. Heer und Dr. H. Christ mitgetheilten Uebergangsformen zwischen *P. sylvestris f. engadinensis Hr.*

---

*) Derselbe und *Greml.* Excfl. (1881 p. 453; dagegen 1878 p. 419 richtig cit.) vereinigen meine P. rhaetica als synonym mit *P. Friesiana Wich.*, was aber durchaus irrig ist, da letztere hoch-nordische Form nach Dr. Christ (bot. Ztg. 1865 No. 29, und nach brieflichen Mittheil.) vielmehr mit der Alpenform *engadinensis Hr.* zusammenfällt, deren Kreuzungsprodukte mit der alpinen Bergföhre oder Hackenföhre ich rhaetica genannt habe; solche können aber in Lappland, der Heimath der Frieseana, unmöglich vorkommen, weil dort ja, die P. uncinata und die anderen Formen der P. montana fehlen!

und *P. montana f. uncinata Ram.* „Sie ist dort stellenweise fast so zahlreich vertreten als die P. sylvestris f., jedenfalls zahlreicher als P. (montana) uncinata, die aber gegen den oberen Rand der Terrasse und am Berghang darüber immer zahlreicher wird. Die jungen Bäume aller **drei** hier untereinander stehenden Formen gleichen sich stark im Aussehen; sie sind schlank, pyramidal, von eigentlichem Krummholz ist hier nichts zu sehen. Tritt man etwas näher, so erkennt man wohl an der helleren Farbe der Rinde und Nadeln die *P. sylv. f.*, und an der dunkleren Färbung die *P. (mont.) uncin.*, aber zwischen beiden gibt es hier fast ebensoviele Mitteltöne, und die Bäume zeigen in Nadelwerk, Zapfenfarbe und Stellung, Stiel, Schuppenform, Rinde etc. alle möglichen Nuancen des **Ueberganges** von der einen zur andern Form.“ So schrieb ich darüber (Ende 1863) an Dr. Christ, welcher dann in der Zeitschr. „Flora“ (l. c.) die verschiedenen Föhren-Formen des Ober-Engadins beschrieben und dabei meine brieflichen Mittheilungen publizirt hat. Derselbe vermuthete bei mehreren (wie seinen No. 7—9) mit mir schon damals einen hybriden Ursprung und bemerkte z. B. zu No. 8: „Hier drängt sich der Gedanke an eine **hybride Form** fast unabweislich auf, und zwar, wie Ch. Brügger richtig bemerkt, einer *P. (mont.) uncinata* χ *sylvestris engad.* im Sinne Naegeli's.“ Seitdem nun auch aus anderen Gegenden Graubündens (Mittelbünden) sowie des Auslandes („in Südböhmen wächst nach Prof. Purkyne *P. mont.* χ *sylvestr.* nicht selten zwischen den Stammarten“ Focke l. c.), mehrfach solche Zwischenformen bekannt geworden sind, welche von Haupt-Autoritäten der Coniferen- und

Hybridenkunde für Bastarde angesehen werden, fasse ich nun diese sämmtlichen, nach meiner Ansicht hybriden, Uebergangsformen zwischen den beiden Typen der P. sylvestris L. und der P. montana Mill. Hr. mit ihren Formenreihen unter dem Namen P. *rhaetica* zusammen, unterscheide davon aber nachfolgende Modifikationen.

a) P. (rhaetica) Heerii m. (P. *uncinata* χ *engadinensis* m.; P. sylvestris *hybrida Heer* Verhdl. d. Schwz. Nat. Gesellsch. 1862 S. 182). Junge Zäpfchen theils aufrecht, theils schwach auswärts gebogen, gestielt; vorjährige Zapfen sehr lang, cylindrisch-kegelförmig, Schilder wenig gewölbt mit centralem Nabel, der bei manchen von einem schwarzen Ring umgeben ist. Hat den Wuchs und die Nadeln der P. (sylv.) engadin., aber die aufrechten jungen Zapfen der P. (mont.) uncin., zu welcher auch die Farbe der reifen Zapfen stimmt (Heer). Dies ist also die *forma subuncinata*, während andere Bäume (wozu jene oben citirte, von Christ unter No. 8 beschriebene und in fig. VII dargestellte Form gehört), welche mehr das Aussehen der P. uncin. haben und nur in Farbe und Gestalt der Nadeln und durch den etwas längeren Stiel der Kätzchen und Zapfen auf P. engadin. hinweisen, dagegen die *forma superuncinata* darstellen. Beide wachsen im Walde „Plaungood" (Ober-Engadin) neben den Stammformen.

b) P. (rhaetica) pyramidalis m. (P. *humilis* χ *sylvestris, forma submontana*). Stattlicher ca. 20 m. hoher Baum vom Aussehen der P. sylvestris, aber schon unterwärts viele starke bogenförmige, auf der Erde aufliegende, Aeste vom Legföhren-Habitus treibend; Zapfen und Nadelwerk der P. montana, aber letzteres etwas bläulichgrün,

erstere violettbraun mit grünlichem Anflug, kurz gestielt,
horizontal abstehend, Schuppenschilder der Basis hackig
(wie bei P. uncin. und humilis); Stamm von 1,30 m. Umfang oder 46 cm. Durchmesser; Krone breit-pyramidal.
Am linken Ufer der Albula, in der sog. Weid (arvadi) beim
Alvaneuerbad ca. 950 m., also in einer Gegend, wo Pracht-
exemplare (von über 2 m. Stammesumfang) der P. sylvestris mit P. uncinata und P. humilis zusammen vorkommen, habe ich diesen Baum bewundert, gemessen und
in seinem Schatten obstehende Beschreibung niedergeschrieben;
das war vor 20 Jahren und kann ich daher nicht sagen,
ob er dermalen noch dort steht.

c) P. (rhaetica) Christii m. (*P. humilis* × *sylvestris*
Christ, „Flora“ 1864 p. 155, No. 9, fig. VIII). Eine
der P. humilis sehr ähnliche bloss 7 Fuss hohe Strauchform, ganz vom Wuchse einer Legföhre, die nur durch
bläulich-bereifte Nadeln, Grösse der Zapfen und Gestalt der
Apophysen zu P. sylvestris hinüberneigt, hat Christ im
Camogasker-Thal (O.-Engadin) bei 1950 m. gesammelt,
a. a. O. beschrieben und abgebildet. Eine etwas grössere
aber sonst ganz ähnliche Form fand ich (1884) im Walde
von Tegt ob Savognin (Oberhalbstein) in einer Höhe von
bloss 1350 m. ganz vereinzelt neben P. uncin. und P.
sylvestr.: Legföhrenwuchs, der kriechende Stamm ganz in
bogige, niederliegende und aufsteigende Aeste aufgelöst;
Nadeln und Zapfenfarbe ganz wie bei sylvestr., aber Zapfen
kurzgestielt, schief-aufrecht, horizontal oder herabgebogen;
Nadeln 3—3,5 cm. l., Innenseite bläulich-grün, Rinde
grau; Schuppen innen concav, Schild lehmfarbig gelbgrau,
Samenflügel 3 mal so lang als Samen (4 : 11—13 mm.).

Ferner beobachtete ich eine, in Wuchs und Zapfenbildung
der P. humilis noch näher stehende, nur im Colorit und
durch längere Zapfenstic'e noch an P. sylvestr. mahnende,
einzelne Strauchform, mitten unter beiden Stammformen,
auf dem Kalkplateau von Padnal, über der alten Kirche
Müstail, zwischen Tiefencastel und Alvaschein, höchstens
1050 m. ü. M. Herr Dr. H. Christ in Basel, dem ich
die Zapfen von Tegt und Padnal, die nach meiner Ansicht
die *forma supermontana* (humilis) des Bastardes darstellen,
zur Einsicht und Beurtheilung eingesandt habe, schrieb mir
darüber (d. 9./IV, 1885): „Die zwei Bastarde sind sehr
interessant, doch nicht so einleuchtend, als jene aus dem
Engadin, indem die Zapfen nicht die zahlreichen Schuppen
haben; immerhin halte ich auch diese zwei für
hybrid; an Ort und Stelle sieht sich das ja am besten!"

Verbesserungen und Nachträge.

Seite 3 Z. 12 v. u. lies; No 75 = R. Mejeri. — S. 62
Z. 10 und 14 v. u. lies: rauhhaarig. — S. 78 Z. 1 v. o. lies:
ambiguum. — S. 81 Z. 7 v. o. lies: Wiesenborden. — S. 86
Z. 1 v. o. lies: *Poolii.* — S. 107 Z. 3 v. o. lies: Hornblende-
gestein. — No. 27 *Trifolium rub. r. subglobosum* ist doch in
letzter Zeit von Hrn. Lehrer Krättli bei Bevers (1710 m.) im
August blühend gefunden worden; Stengel 20 cm. h., Köpfchen
kugelig-eif. 25 mm. br. und gleich hoch, gestielt, einzeln, Blüthen
13—14 mm. l., Blättchen 25—32 mm. l., 7—9 mm. br. — No. 34
Melampyrum alpestre ist von dem habituell sehr ähnlichen *M.
sylvaticum* durch die (von Ferne gesehen) gelblich-weisse Farbe,
Grösse und Stellung der Blüthen zu unterscheiden. — Von No. 15
Geum rhaeticum und No. 24 *Saxifraga Huguenini* hat jüngst
die „Gartenflora", 1886 II. 16. 17. Taf. 1229. 1230, wohlgelungene
color. Abbildungen, welche Frl. M. v. Gugelberg nach meinen
Originalexempl. anzufertigen die Güte hatte, reproduzirt und mit
interessanten Bemerkungen über die Gartenkultur von Hrn. Garten-
inspektor B. Stein publizirt

REGISTER

der

Classen und Gattungen.

(Die Zahlen bezeichnen die fortlauf. Nummern dieser Mittheilungen.)